DU

QUASI-CONTRAT
JUDICIAIRE

MÉMOIRE COURONNÉ

PAR LA FACULTÉ DE DROIT DE POITIERS

LE 21 NOVEMBRE 1855,

ET PAR L'ACADÉMIE DE LÉGISLATION DE TOULOUSE

LE 3 AOUT 1856,

DANS LE CONCOURS

OUVERT ENTRE LES LAURÉATS DU DOCTORAT DE TOUTES LES
FACULTÉS DE DROIT DE L'EMPIRE,

PAR

H. Arnault de Guenyveau,

AVOCAT.

POITIERS
IMPRIMERIE DE A. DUPRÉ
RUE DE LA MAIRIE, 10.

1857.

DU

QUASI-CONTRAT JUDICIAIRE.

Poitiers. — Imp. de A. Dupré.

DU

QUASI-CONTRAT

JUDICIAIRE

MÉMOIRE COURONNÉ

PAR LA FACULTÉ DE DROIT DE POITIERS

LE 21 NOVEMBRE 1855,

ET PAR L'ACADÉMIE DE LÉGISLATION DE TOULOUSE

LE 3 AOUT 1856,

DANS LE CONCOURS

OUVERT ENTRE LES LAURÉATS DU DOCTORAT DE TOUTES LES
FACULTÉS DE DROIT DE L'EMPIRE.

PAR

H. Arnault de Guenyveau,

AVOCAT.

POITIERS

IMPRIMERIE DE A. DUPRÉ

RUE DE LA MAIRIE, 10.

1857.

DU

QUASI-CONTRAT JUDICIAIRE.

In judicio quasi contrahimus.
(Loi 3, ff. *de peculio.*)

Si les lois les plus sages n'étaient susceptibles de violation, si l'homme ne pouvait, fort de sa liberté, fouler aux pieds les droits les plus sacrés, l'équilibre et l'harmonie de la société ne seraient jamais rompus, et le monde juridique offrirait aux yeux du légiste cet heureux mélange de mouvement, de calme et de régularité, qui, dans l'ordre des choses physiques, ravit l'admiration du savant. Mais ce calme et cette régularité sont incompatibles avec la nature humaine. A quelque époque qu'on se reporte dans l'histoire des peuples, quelque société qu'on étudie, partout et toujours l'application du droit suscite des troubles et des agitations. Soit qu'au Forum le préteur délivre sa formule, soit que, par un retour vers la barbarie, les parties soutiennent, le fer à la main, leurs prétentions rivales, soit enfin que, du haut de son siége, le juge assiste aux luttes plus paisibles, sinon moins brillantes, de l'éloquence et du savoir, partout et toujours, sous ces formes diverses, on retrouve la trace d'une violation réelle ou prétendue d'un droit, parce que, dans tous les temps et dans tous les lieux, il est vrai de dire que le règne de la Loi, comme la vie de l'homme, est un combat, et qu'elle ne s'avance au sein des sociétés qu'à travers les résistances incessantes des individus qu'elle est appelée à unir et à gouverner.

Tous les droits peuvent être violés. Le droit personnel est violé lorsque la convention qui en est la source n'est pas respectée; le droit réel, lorsque l'un des membres de l'association dans laquelle il a été régulièrement constitué, le méconnaît ou en entrave l'exercice.

La violation d'un droit réel ou personnel ne

peut être conçue qu'émanant d'un agent déterminé, et établit entre le violateur et sa victime
un lien de droit personnel, qui participe de la
nature de l'obligation. L'auteur de la violation
devient le débiteur de celui qui la souffre, et ce
droit nouveau s'appelle *droit d'action* ou *droit
sanctionnateur*, parce qu'il donne au droit primitif
et sa puissance et son efficacité.

L'usage de ce droit présente ce caractère sin-
gulier, qu'il exige l'intervention entre les deux
parties d'une troisième personne, dont la présence modifie énergiquement leurs relations
juridiques. Le droit violé veut une réparation
que la partie lésée est impuissante à lui donner
elle-même : c'est aux pieds du juge qu'elle
doit la demander.

Essayer de justifier cette nécessité, ce serait
entreprendre un travail superflu. Il suffira de
dire que les droits seraient sans force, aban-
donnés à la violence et à l'arbitraire, si, au-
dessus des parties et en dehors de la sphère où
s'agitent les intérêts et les passions qui les
aveuglent, le législateur n'avait placé un

homme intègre et éclairé, sans autre intérêt
que celui de la loi, sans autre passion que celle
de la justice et de la vérité. Cette intervention
sera seulement considérée comme le point de
départ d'une période nouvelle, dans laquelle se
fait entendre la voix du juge qui, au sein du
débat, domine le bruit des allégations successives des plaideurs, soit pour en modérer les
accents, soit pour en préciser les termes, ou
pour accélérer la marche du litige, qu'elle ter-
mine enfin par un ordre également sacré pour
les deux adversaires.

Le fait principal de cette période est celui qui
la couronne, c'est la sentence du magistrat : il
parle, et sa parole est une loi. Mais avec quelle
autorité commande-t-il ainsi aux parties? Où
cette loi puise-t-elle sa raison d'être? Comment
les plaideurs sont-ils liés par le jugement?
Toutes ces questions peuvent être posées; car,
encore que le juge ait reçu du pouvoir exécutif
le droit d'exercer ses plus hautes et ses plus
nobles prérogatives, il n'a pas mission de statuer d'office sur les contestations privées; sa

voix impérative ne saisit pas les parties à l'improviste : entre la violation du droit et sa réparation, se placent différents actes préparatoires qui, en éclairant la religion du magistrat, lui donnent qualité pour se prononcer sur la question qui lui est soumise, et parmi lesquels il n'est peut-être pas sans intérêt de rechercher celui qui crée pour les parties l'obligation, en quelque sorte anticipée, de subir la sentence, mystérieuse encore, du ministre de la loi.

La forme et le caractère de ces actes ont varié avec les lieux et les époques ; soumis à l'influence des mœurs, ils ont suivi la marche de la civilisation chez les sociétés au sein desquelles ils se sont produits. Dans l'ordre de la procédure, comme en toutes choses, le temps a fait l'éducation de l'esprit humain.

Attirés par cette recherche sur le terrain de l'histoire, les regards du jurisconsulte s'arrêtent d'abord sur cette époque barbare, qui voit naître, aux rives du Tibre, une législation grossière dans ses origines, où la rudesse du génie romain se trahit par l'aspérité des formes.

Chez ce peuple guerrier qui, au Forum comme
dans les camps, porte sans cesse ses armes, à
la violence faite au droit répond naturellement
la violence envers la personne. La *vocatio in jus*,
alors dans toute sa rigueur, oblige celui auquel
elle s'adresse à suivre son adversaire devant le
magistrat, s'il n'y veut être traîné de vive force :
« *In jus ambula,* — *sequere*. — *In jus eamus.* — *In*
» *jus te voco* (1). »

« *Rapi te, obtorto collo, mavis, an trahi* (2). »

Le défendeur ne peut se soustraire à l'obligation de suivre le demandeur que par une transaction ou en présentant un *vindex*, qui assume
sur lui tout le poids du procès.

Plus tard, cette sévérité primitive disparaît,
et l'âge d'or de la législation romaine témoigne
de formes plus douces et plus tempérées. A la
contrainte privée succède une contrainte publi-

---

(1) Plaut. Curcull., act. 5, scen. 2, v. 23 et seq. —Pers.,
act. 4, scen. 9, vers. 8.—Rudens, act. 3, scen. 1, vers. 16.
(2) Plaut. Rudens, act. 3, scen. 6, vers. 15.

que, qui trouve sa sanction dans une peine pé-
cuniaire prononcée contre celui qui refuse de
paraître en justice. Le *vindex* est remplacé par
le *fidejussor judicio sistendi causâ*, qui, en cas de
non-comparution de l'appelé, est tenu en qualité de caution ; enfin si, après avoir suivi les
vicissitudes de la *vocatio in jus* à travers les âges
successifs de la procédure romaine, on arrive
au temps de Justinien, on la voit alors se résumer tout entière dans un écrit ou acte d'assignation, *libellus conventionis*, contenant, sommai-
rement indiquées, les prétentions du demandeur,
et transmis au défendeur par l'intermédiaire d'un
executor.

Quelle que soit, d'ailleurs, celle de ses formes
à laquelle on s'attache, ce premier acte de procédure ne peut jamais être considéré comme
autorisant le juge à rendre une sentence. Ce
n'est pas qu'il ne soit le préliminaire indispen-
sable de toute décision judiciaire. Nul ne peut
être jugé s'il n'a d'abord été appelé. Mais, si la
vocatio in jus est nécessaire, elle ne saurait être
suffisante pour conférer à chacune des parties le

droit d'obtenir un jugement contre son adversaire. Elle oblige seulement à comparaître celui qu'elle interpelle; qu'il se soumette ou qu'il résiste, l'organe de la justice ne peut prononcer sur son droit, parce que l'obligation d'être jugé n'a pas encore pris naissance.

Il faut, pour découvrir le berceau de cette obligation, faire un pas de plus dans la procédure. Il faut, au temps du système formulaire, suivre les parties devant le préteur, assister à la rédaction de la formule et y voir insérer les exceptions qui tracent au *judex* les limites de son pouvoir. Enfin, sous Justinien, il faut entendre les plaideurs développer oralement leurs prétentions respectives aux pieds du juge-magistrat. Alors seulement s'éveillent les pouvoirs du juge; il est saisi; il peut dicter des lois et imposer l'autorité de sa sentence ; c'est-à-dire que c'est la *litiscontestatio* qui, en donnant à chacun des champions le droit de poursuivre le cours de la lutte et d'exiger la solution du litige, les astreint en même temps à en subir les conséquences. Ce n'est pas l'appel en justice, acte émané du demandeur seul, c'est la *litiscontes-tatio*, œuvre commune des deux parties, et que l'on peut appeler acte bilatéral, qui sert de base à la force obligatoire du jugement. Aussi les commentateurs lui ont-ils prodigué les noms de : *caput et fundamentum totius instantiæ*, — *lapis angularis judicii* (1), parce qu'elle est, en effet, l'axe de tout le procès, parce qu'elle lie les parties et livre leurs intérêts aux incidents, toujours périlleux, de l'instance qui s'ouvre, et aux chances, capricieuses parfois, de la décision à venir.

Désormais, l'instance pourra n'être plus l'œuvre des deux plaideurs : que l'un d'eux seulement en presse le dénoûment, et même en l'absence de son adversaire, sans aucune participation active de sa part, une sentence sera rendue.

Ainsi, droit pour chacune des deux parties de faire statuer, malgré l'autre, sur la cause

---

(1) Bald. in c. 1, ext. de litiscontestatione. — Vultei in comment. Inst. ad titulum de actionibus, in pr. nº 73.

contestée, obligation pour chacune d'elles de respecter l'exercice de ce droit : tel est le principal effet de la *litiscontestatio*.

Il faut donc voir dans la *litiscontestatio*, acte bilatéral en sa forme, le fait générateur d'une obligation bilatérale elle-même. Comme elle ne présente ni le caractère d'un contrat, puisque le consentement des parties n'est pas entièrement libre, ni celui d'un délit ou d'un quasi-délit, puisqu'on n'y fait qu'user de son droit, loin de violer celui d'autrui, les auteurs allemands, s'autorisant du texte de la loi 3, ff. *de Peculio*, lui ont reconnu le caractère d'un quasi-contrat : *in judicio quasi contrahimus*.

Au temps de la procédure formulaire, ce quasi-contrat par la *litiscontestatio* est nécessaire pour introduire l'instance et rendre possible la décision du juge. Aussi, voit-on se produire, dans l'ancien *ordo judiciorum*, un système de mesures destinées à assurer la comparution des plaideurs aux pieds du magistrat. La *vocatio in jus* violente, les *vadimonia*, la *missio in possessionem bonorum* tendent vers ce but, qu'elles ne peuvent complétement atteindre cependant, puisque toutes ces rigueurs viennent se briser contre l'inertie du défendeur. La *litis-contestatio* exige, en effet, de sa part, une manifestation extérieure et sensible de volonté, à laquelle personne ne peut être contraint; de sorte qu'il n'y a, sous l'empire des formules, aucun moyen d'engager le débat malgré le défendeur, aucune voie ouverte pour arriver, contre son vœu, à la formation du quasi-contrat judiciaire. La procédure par contumace elle-même suppose la *litiscontestatio*, sans laquelle il ne saurait y avoir ni instance, ni procès : *Antè litem contestatam, non dicitur lis mota, nec dicitur quis agere, sed agere voluisse.*

Sous les empereurs chrétiens, les pouvoirs, si divers jadis, du juge et du magistrat se réunissent sur une même tête; les instances *in jure* et *in judicio* se confondent, les formes perdent de plus en plus leur importance. La *litiscontestatio* n'est déjà plus nécessaire pour faire naître l'obligation d'être jugé; on commence à comprendre une procédure dirigée et accomplie contre une partie qui n'a pas comparu, même au seuil de l'instance. Les contumaces sont jugés et condamnés, sans qu'il soit besoin de leur participation au litige qui intéresse leurs droits.

Il est vrai que l'on sollicite encore la présence des parties soit par des amendes (1), soit par des exhibitions forcées (2); mais, si l'exhibition ne peut avoir lieu, si les amendes sont sans force contre la résistance du défendeur, on n'a plus recours, comme autrefois, aux *missiones in possessionem bonorum*, les formes observées à l'égard des contumaces conduisent directement au jugement. Trois édits successivement rendus par le juge somment le défendeur de comparaître; s'il fait défaut au troisième appel, qui est péremptoire, le demandeur est admis à faire prononcer, en l'absence de son adversaire, une sentence opposable à ce dernier. L'obligation d'être jugé devient donc indépendante de la *litis-*

(1) Aulus Gellius, Noct. attic. XI, I. — Paul. 1. 2, § 1, ff. si quis in jus voc.

(2) Nov. 53, chap. 1, Praemium.

contestatio; l'effet que cet acte avait seul le pouvoir de produire au temps des formules, la voix
du héraut (*vox præconis*) le produit sous Justinien. L'introduction de l'instance, essentiellement bilatérale sous l'empire de l'*ordo judiciorum*, peut être unilatérale d'après les novell' ;
le procès peut naître, vivre et mourir, sans le
concours apparent et matériel des deux parties.

Ainsi, les symboles s'effacent, les formes
disparaissent; nous sommes loin déjà de l'antique *manuum consertio*, qui mettait les plaideurs aux prises devant le tribunal prétorien.
Le quasi-contrat judiciaire tend à s'affranchir
d'un matérialisme importun, et subit un travail
de simplification, au développement duquel
permettent d'assister les textes de l'ancienne
jurisprudence française.

D'après les principes qu'ils nous ont transmis, c'est de l'ajournement que naît, pour les
parties, l'obligation de se soumettre, à l'avance,
aux résultats de la lutte désormais engagée. La
conduite du défendeur peut, il est vrai, exercer
encore une influence sur l'avenir du procès;

mais du moins il se trouve dès lors lié, en ce
sens que le juge peut lui imposer sa loi. Les
trois édits ne seront plus rendus, le hérault ne
fera plus entendre sa voix; une sentence par
défaut viendra cependant frapper la partie ab-
sente; si elle n'y prend garde, les délais d'opposition s'écoulent, ceux d'appel les suivent de
près; ils sont écoulés déjà, et voilà que, sans
aucune intervention directe de sa part, s'élève
contre elle l'autorité de la chose jugée.

Ces conséquences découlent naturellement de
la possibilité de jugements par défaut faute de
comparaître, faute de défendre et faute de plaider. Une sentence est opposable à la partie qui
ne plaide pas, bien plus à celle qui ne signifie
pas de défenses, bien plus encore à celle qui
ne comparaît même pas. N'est-ce pas dire que
ni la plaidoirie, ni la défense, ni la constitution de procureur ne sont nécessaires pour faire
naître l'obligation d'être jugé? et, comme la
procédure introduite par Justinien contre les
contumaces a disparu, il faut dire que c'est
dans l'assignation elle-même que le jugement

puise et le principe de sa force et le caractère
obligatoire dont il est revêtu.

Ce sont là les enseignements que nous a lé-
gués l'ancien droit. Tels ils sont proclamés par
Domat, dans ses *Lois civiles*, et par Lange, dans
son *Praticien français;* tels, à part quelques
nuances de formes et de délais, ils ont été con-
sacrés par notre législation moderne. Déchue
de son antique prestige, la *litiscontestatio* a
perdu le privilége d'être la base du procès, d'en
fixer l'origine et de lier les parties. Aujourd'hui,
comme du temps de Domat, ce lien se forme
par l'ajournement. *Litiscontestatio*, ajournement,
tels sont donc les deux actes de procédure qui
doivent fixer l'attention, comme constituant, à
des époques et au sein de sociétés différentes,
ce qu'on est convenu d'appeler le quasi-contrat
judiciaire.

Née au milieu d'une époque barbare, où l'esprit du droit est dominé par un grossier sym-
bolisme, la *litiscontestatio* apparaît d'abord toute
matérielle, telle que la représentent Aulu-Gelle
et Festus : *Contestari est cùm uterque reus dicit :*

« *Testes estote.* » — *Contestari litem dicuntur duo aut plures*, *quòd, ordinato judicio*, *utraque pars dicere solet :* « *Testes estote* (1). » Qui ne reconnaît à ce tableau le reflet de ces temps illettrés de la procédure, où toutes les formalités accomplies devant le magistrat ne laissent aucune trace et n'ont d'existence légale, que celle qu'elles puisent dans la mémoire de ceux qui en sont les témoins ?

Lorsque le débat devant le préteur peut être monumenté dans la formule, la *litiscontestatio* perd et sa forme originale et l'éphémère utilité que l'ignorance lui avait prêtée. Ce n'est plus que cette phase muette de l'instance, où avait lieu jadis l'invocation des témoins ; son caractère est tellement effacé, que des doutes s'élèvent sur sa véritable place dans le procès. A-t-elle lieu *in jure ?* Faut-il, au contraire, la rattacher à la procédure instruite devant le *judex ?*

---

(1) Lis tunc contestata videtur cùm judex, per narrationem judicii, causam audire cœperit. (L. unic. Cod. de litiscontestatione. Impp. Sever. et Anton.)

Ici naît une controverse qui témoigne, par les discussions qu'elle a soulevées, de l'intérêt que les auteurs ont attaché à cette question. A des textes formels, on en oppose d'autres, qui sont rejetés comme entachés d'interpolation ; de sorte que la difficulté serait encore entière, si d'autres témoignages non suspects ne venaient la trancher d'une manière péremptoire, en établissant à l'évidence que c'était le préteur qui présidait à la *litiscontestatio*. Il suffira de citer la loi 28, § 4, ff. *de Judiciis*, du jurisconsulte Paul. Le provincial qui venait à Rome, en qualité de *legatus*, ne pouvait être actionné que dans des cas exceptionnels, et alors la *litiscontestatio* avait lieu à Rome devant le préteur, tandis que le *judicium* s'instruisait en province devent le *judex* : « *Causâ cognitâ, adversùs eum judicium* » *prætor dare debet, ut lis contestetur, itâ ut in* » *provinciam transferatur* (1). »

---

(1) On peut encore citer à l'appui de cette opinion la loi 39, ff. præm. de judiciis, et la loi 31, ff. de rebus cre-

Cette question perd bientôt toute son importance, lorsque les instances *in jure* et *in judicio* se confondent. La *litiscontestatio* change alors de forme; elle cesse d'être une époque muette, comme au temps du système formulaire, et redevient ce qu'elle était sous l'empire des actions de la loi, un acte émané des deux parties. Mais, si elles élèvent encore la voix, ce n'est plus pour invoquer des témoignages, c'est pour poser devant le juge des conclusions réciproques; aussi est-ce à cet état de la procédure qu'il faut référer la définition de la loi unique au Code *de*

---

ditis. — Gaius, Institut., §§ 123 et 180. — Justinien, Institut. de fidejussoribus, § 4.

Dans ces deux derniers textes, il s'agit d'un fidéjusseur qui, poursuivi pour la totalité par le créancier, néglige le bénéfice de division et supporte seul l'insolvabilité du débiteur. On lui reproche de n'avoir pas invoqué le rescrit d'Adrien, car alors l'action eût été donnée, non pour la totalité, mais seulement pour une partie de la dette (ut in se pro parte detur actio). Or cette partie se détermine d'après le nombre des fidéjusseurs solvables *tempore litis contestatæ*. Ce *tempus litis contestatæ* ne peut donc pas être postérieur au moment où l'action se donne soit pour la totalité, soit pour partie.

litiscontestatione : « *Lis tunc contestata videtur, cùm*
» *judex, per narrationem judicii, causam audire*
» *cœperit,* » Que si ces conclusions ne peuvent
être posées, si l'une des parties fait défaut, on
instruit la procédure par contumace ; le *tertium
edictum peremptorium* ou le *unum pro omnibus* est
publié, et alors seulement se forme le quasi-
contrat judiciaire, puisque, jusqu'à l'accom-
plissement de cette formalité, aucun jugement
ne peut saisir ni obliger la partie défaillante.

La *litiscontestatio* trouve donc une rivale dans
la procédure par contumace, qui la supplée,
produit les mêmes effets et partage avec elle les
mêmes phases de priviléges et d'honneurs
d'abord, puis de disgrâce et d'oubli.

Transplantée sous d'autres climats, la *litiscontestatio* dégénère et n'apporte plus, dans les
législations modernes, qu'un caractère effacé,
dernier débris, vague souvenir de son origina-
lité perdue. L'Allemagne elle-même, cette terre
hospitalière qui a su conserver aux vieilles institutions romaines un aspect si vivant, n'a pu
la transmettre sous aucune de ses formes pri-

mitives. Les lois de l'empire et la pratique ont
altéré son essence. Ce n'est plus un acte bilatéral, résultant du concours des deux parties ;
c'est, d'après le principe moderne, « *l'acte con-*
» *tenant la déclaration du défendeur sur les faits*
» *allégués dans la demande.* »

En France, elle se traduit, dans l'ancien
droit, sous le nom de *contestation en cause.* L'article 104 de la coutume de Paris la définit en
disant « qu'il y a *contestation en cause* lorsqu'il
» y a règlement sur les demandes et défenses
» des parties, ou que le défendeur et défaillant
» est débouté de défenses. » D'après l'art. 13
au titre II de l'ordonnance de 1667, « la cause
» est tenue pour contestée par le premier rè-
» glement, appointement ou jugement qui
» intervient après les défenses fournies. » C'est
la traduction presque littérale de la loi 1 au
Code *de litiscontestatione*, avec cette différence,
toutefois, que la Coutume et l'Ordonnance
veulent, pour qu'il y ait contestation en cause,
que la voix du juge se soit fait entendre, tandis
qu'aux termes du Code, la *litiscontestatio* exige

seulement les demandes et les réponses respectives des parties.

Si le nom et la forme sont restés les mêmes,
il en est autrement du fond, qui s'est complè-
tement modifié. La contestation en cause n'en-
gendre pas, comme la *litiscontestatio*, le quasi-
contrat judiciaire, dont l'assignation est seule
en possession de form r les liens.

Dans le droit moderne, la *litiscontestatio* n'est
point une étrangère. Bien que le mot de contestation en cause se soit effacé du langage du
palais, et que les appointements en droit, à
mettre et à informer ne soient plus en usage,
la pratique signale encore, dans la procédure,
une époque où les parties prennent des conclusions réciproques, dont acte leur est donné par
le juge. Mais ce n'est plus là le point de départ
de l'instance, encore moins la base de l'obligation d'être jugé. C'est dans l'ajournement que
cette obligation prend naissance, c'est là que se
forme le quasi-contrat judiciaire, parce qu'alors
même qu'il n'y a encore ni conclusions prises,
ni avoué constitué par le défendeur, dès que

l'ajournement est signifié, le juge n'en est pas moins investi du droit de prononcer sur les intérêts en litige.

Cette proposition, qui peut paraître maintenant suffisamment établie, ne mériterait pas une plus longue attention, si ce n'était un devoir de la défendre contre une doctrine opposée, dont l'examen ne laissera peut-être pas de jeter quelque jour sur le principe qui vient d'être posé.

« Lorsque les deux parties comparaissent de
» vant le tribunal, dit un savant auteur (1),
» ce ne peut être que dans la seule intention
» d'obtenir de lui la justice qui leur est due :
» elles sont censées, par ce seul fait, s'engager
» à exécuter l'acte judiciaire par lequel il fixera
» les obligations de l'une envers l'autre ; et, par
» cela même qu'elles lui demandent justice,
» elles se soumettent à toutes les procédures
» préparatoires qu'il croira nécessaire de leur

(1) M. Poncet, *Traité des jugements*, tom. 1, chap. 2, sect. 1.

» prescrire pour la marche de l'instruction et
» pour l'éclaircissement de la cause.

» Ainsi la source première, d'où découle
» l'action que produit l'acte judiciaire émané
» du tribunal, se trouve, en thèse générale,
» dans l'engagement que les parties ont con-
» tracté, non par une convention expresse,
» mais par la convention présumée qui résulte
» du seul fait de leur comparution en justice,
» c'est-à-dire *dans le quasi-contrat de comparu-*
» *tion.* »

D'après cette théorie, l'origine de la force
obligatoire du jugement semble résider dans la
comparution des parties devant la justice. Le
jugement ne produit d'action que parce que les
deux parties ont pris, en face du juge, l'engagement tacite de se conformer à sa décision.

Si ces principes étaient admis, il faudrait
rayer tout ce qui a été dit jusqu'ici sur la place
qui doit être assignée dans l'instance au quasi-
contrat judiciaire.

Pour bien préciser la question, il n'est peut-
être pas superflu de dire qu'il ne s'agit pas ici

de rechercher l'origine du pouvoir du juge. Le magistrat tient son autorité du chef de l'Etat, qui lui-même n'en a d'autre que celle qu'il emprunte à la toute-puissance de Dieu : « *Omnis potestas à Deo.* » Mais ce pouvoir ne s'exerce pas spontanément; le juge ne rend pas la justice d'office, il faut qu'on la lui demande; il ne peut juger qu'après une sollicitation du plaideur, et ce qu'il faut déterminer, c'est l'époque de la procédure où il est saisi de la cause, c'est l'acte par lequel les parties le mettent à même de rendre valablement une sentence sur les intérêts qui les divisent. D'une part, pouvoir *général* du juge de statuer sur tous les procès qui lui sont régulièrement soumis; d'autre part, exercice, mise en action de ce pouvoir dans un cas *particulier*, telle est la distinction qui doit être placée au seuil de cette discussion et qui la domine tout entière.

Posée en ces termes, la difficulté ne saurait être résolue dans le sens de l'auteur du *Traité des jugements;* aussi, avec tout le respect qui est dû à une aussi grave autorité, faut-il dire que ce n'est pas par leur comparution que les parties contractent l'obligation de subir toutes les conséquences de l'instance engagée. C'est l'ajournement, et non la comparution des parties, qui forme le quasi-contrat judiciaire (1). La résistance du défendeur n'est plus aujourd'hui un obstacle à la marche de la procédure; l'assignation voit naître l'obligation d'être jugé, et, comme il le sera bientôt démontré, tous les effets du jugement remontent, non pas au jour de la comparution, mais au jour de l'assignation. Ce n'est pas que la conduite ultérieure du défendeur soit indifférente et sans influence sur la décision future; mais il ne faut pas confondre le quasi-contrat judiciaire avec l'instance liée : le premier résulte d'un acte unilatéral émané du demandeur seul ; l'instance n'est liée que lorsqu'il y a eu acte bilatéral, lorsque les deux plai-

---

(1) On peut dire cependant qu'il y a quasi-contrat de comparution dans le cas de l'art. 7 du Code de procédure civile. Les parties, se présentant alors volontairement et sans citation devant le juge de paix, y forment un véritable quasi-contrat judiciaire.

deurs ont pris part à la lutte, et que, sur l'ajournement signifié, le défendeur a constitué son représentant, manifestant ainsi, d'une manière non équivoque, l'intention de soutenir et de défendre ses droits. Né du fait du demandeur, le quasi-contrat judiciaire emprunte à celui du défendeur une énergie nouvelle et y trouve comme sa confirmation, puisque, dès que l'instance est liée, elle échappe à certains incidents contre lesquels, réduit à ses propres forces, l'ajournement eût été impuissant à la protéger.

La constitution d'avoué prouve d'abord que le défendeur n'est point resté étranger à l'action dirigée contre lui; le jugement qui sera prononcé ne le sera pas à son insu, tandis que la même certitude ne saurait exister tant qu'il a gardé le silence. Il suit de là que la position du défendeur varie suivant que l'instance est liée ou qu'elle ne l'est pas : cette différence a son reflet dans la procédure.

D'après l'ancien droit français, lorsque le défendeur ne lie pas l'instance dans la huitaine de l'assignation, « le demandeur lève son dé-

» faut au greffe, mais il ne peut le bailler à
» juger qu'après un autre délay qui est de hui-
» taine pour ceux qui sont ajournez à huitaine
» ou à quinzaine. Et à l'égard de ceux qui sont
» ajournez à plus longs jours, outre le délay
» de l'assignation, et celui de huitaine pour def-
» fendre, l'article 5 du titre III de l'ordonnance
» de 1667 leur en donne encore un, qui est de
» la moitié du temps de celuy de l'assignation,
» avant qu'on puisse bailler le deffaut à juger
» contre eux (1). »

Il en était autrement lorsque le défendeur,
après avoir lié l'instance par la constitution de
procureur, refusait d'en poursuivre le cours.
Dans les justices inférieures, le demandeur
prenait défaut à l'audience, sans autre acte ni
sommation préalable, et, pour le profit, les conclusions lui étaient adjugées sur-le-champ,
pourvu qu'elles fussent justes et bien véri-
fiées (2).

(1) Lange, *Praticien français*, tom. 1, ch. V, *Des Défauts et Congez.*
(2) Ordonnance de 1667, art. 3 du tit. V.

Dans les cours souveraines, si le défendeur,
après avoir constitué procureur, ne fournissait
pas ses défenses dans les délais fixés par la loi,
le demandeur levait son défaut au greffe, le faisait signifier au représentant de son adversaire,
et, huitaine après, il le *baillait* à juger.

La première hypothèse conduit à un jugement par défaut, faute de comparaître; la seconde, à un jugement par défaut, faute de défendre. Tous les deux sont attaquables par la
voie de l'opposition, le premier, dans la huitaine de la signification à personne ou à domicile; le second, dans la huitaine de la signification à procureur. Enfin si, après avoir constitué
procureur et signifié des défenses, le défendeur
négligeait de conclure à l'audience, il y avait
lieu de prononcer un jugement par défaut, faute
de conclure.

De ces trois défauts, deux seulement sont encore en usage aujourd'hui. Le jugement par
défaut faute de comparaître est prononcé lorsque le défendeur n'a pas lié l'instance par la
constitution d'avoué; il y a alors, de sa part,

défaut de comparution légale : la sentence qui intervient constate ce fait imputable au plaideur lui-même. Si, au contraire, l'instance étant liée, l'avoué ne paraît pas à l'audience ou refuse d'y conclure, il assume sur lui la responsabilité du défaut. La partie est néanmoins jugée en son nom personnel, mais l'avoué lui doit compte de ce jugement. De là, des conséquences diverses du défaut, selon qu'il procède de la négligence de la partie ou de celle de son avoué.

La partie qui ne comparaît pas n'est pas représentée dans l'instance ; peut-être, n'ayant pas reçu l'exploit, l'a-t-elle complétement ignorée. En permettant qu'un jugement la frappe en son absence et à son insu, la loi a dû l'entourer de toute sa sollicitude et lui prodiguer les moyens d'attaquer une sentence rendue dans des conditions aussi défavorables à ses intérêts.

Celui qui a un avoué est représenté dans l'instance ; protégé par la responsabilité de l'officier ministériel, il ne peut réclamer les mêmes secours que ceux accordés par la loi à l'absence non représentée.

Un jugement intervient-il avant que l'instance ne soit liée, il est signifié à la personne ou au domicile réel du défaillant par un huissier commis; il doit, en outre, à peine de nullité, être exécuté dans le délai de six mois.

Enfin, comme par un luxe de précautions, le législateur proroge, en faveur du défaillant, le délai de l'opposition jusqu'à ce que l'exécution du jugement ait été commencée contre lui par des actes tels, qu'il soit moralement impossible qu'il l'ait ignorée. Il l'autorise même à former opposition soit sur les actes d'exécution, soit par tout autre acte, pourvu qu'il le fasse signifier à son adversaire au moment où il est censé avoir été averti.

L'instance est-elle liée, alors cessent toutes les craintes du législateur, ses incertitudes s'évanouissent, et deviennent inutiles toutes ses attentions et toutes ses faveurs. Si l'avoué ne conclut pas, un jugement sera rendu; il sera signifié à l'avoué de la partie défaillante, et cette signification sera le point de départ de la huitaine, après laquelle l'opposition ne sera plus recevable contre un jugement qui a dès lors toute l'autorité d'une décision contradictoire.

Ainsi, l'instance liée produit certains effets qui ne résultent pas du simple ajournement. Mais ce dernier n'en constitue pas moins le quasi-contrat judiciaire, parce que là où naît l'obligation d'être jugé, là est le quasi-contrat judiciaire.

Cette distinction emprunte encore quelque lumière à l'article 345 du Code de procédure civile.

Le changement d'état des parties ni la cessation des fonctions dans lesquelles elles procédaient, n'empêchent la continuation des poursuites. Ce principe est conforme à l'Ordonnance de 1667, qui ne mettait pas non plus ces deux incidents au nombre de ceux qui devaient suspendre l'instance; mais la jurisprudence avait introduit l'usage de leur attribuer cet effet (1).

---

(1) Pigeau, *la Procédure civile des tribunaux de France,*

L'article 345 du Code de procédure fait une distinction. L'instance est-elle liée? le principe est maintenu dans toute sa force : la fille majeure se marie, le mineur atteint sa majorité, les parties cessent leurs fonctions; étrangère à ces modifications, insensible à ces accidents, l'instance vit toujours et poursuit sa marche sans interruption.

Mais si l'instance n'est pas encore liée, et s'il arrive que le demandeur subisse un changement d'état avant que le demandeur ait constitué avoué, l'héritier ni l'administrateur qui vient prendre sa place ne peuvent continuer la procédure sans assignation nouvelle. Est-ce à dire que le premier ajournement ait perdu sa puissance et soit réputé non avenu? La loi ne le dit pas; l'assignation primitive conserve tous ses effets; la seconde n'introduit pas une autre instance, elle fait revivre celle qui est engagée déjà; mais elle est nécessaire pour avertir le

tom. I, pag. 609 et 610. Il s'appuie sur l'autorité de Rodier.

défendeur que, si les parties ont changé, les intentions sont restées les mêmes, et que le nouveau demandeur poursuivra l'œuvre de celui qui l'a précédé. Ici encore, l'instance liée est distincte du quasi-contrat judiciaire; elle le corrobore, le fortifie, mais elle ne le crée pas, il lui est antérieur.

Si le quasi-contrat judiciaire ne doit pas être confondu avec l'instance liée, il faut aussi établir une différence entre l'époque à laquelle il se forme et celle où les parties prennent, devant le juge, leurs conclusions respectives. Cette phase de la procédure correspond à la *litiscontestatio* du droit romain, à la *contestation en cause* de l'ancien droit français. Au temps de Justinien, même après la *litiscontestatio*, le jugement prononcé contre la partie qui refusait de se défendre, était encore un jugement par défaut. Notre ancienne procédure connaissait aussi le défaut faute de défendre et de plaider, après la contestation en cause (1). La législation moderne

_____

(1) « Trois jours après la signification des défenses, la » cause est portée à l'audience sur un simple acte : si

n'admet plus que deux défauts, faute de comparaître et faute de conclure. Si l'instance a été
liée, si les conclusions respectives ont été prises,
tout défaut est désormais devenu impossible; et
si l'une des parties, après avoir conclu, refuse
de plaider, la décision qui intervient n'en a pas
moins toute la force d'un jugement contradictoire. C'est à cette époque de l'instance que se
réfèrent l'art. 343 du Code de procédure, lorsqu'il dit que *l'affaire est en état* dès que les conclusions ont été prises à l'audience, et l'article 342 du même Code, qui veut que le jugement de *l'affaire en état* ne soit différé ni par le
changement d'état des parties, ni par la cessation des fonctions dans lesquelles elles procè-
dent, ni par leur mort, ni par les décès, dé-
missions, interdictions ou destitutions de leurs
avoués. Ainsi, comme l'instance liée échappe à

» l'une des parties ne comparaît pas, on donne défaut
» ou congé et un jugement définitif, contre lequel on
» revient par opposition dans la huitaine de la signifi-
» cation. » (Domat, *Supplément au Droit public*, liv. IV,
tit. II; *de l'Instruction des instances*, XVII.)

certains incidents, de même l'affaire en état
n'est plus soumise à des causes de retard qui
entravent la marche de l'instance liée; de sorte
qu'à mesure que les parties s'avancent dans la
voie du procès, elles s'unissent par des liens de
plus en plus étroits. L'obligation de subir la
sentence, qui date de l'ajournement, se res-
serre, se fortifie et devient d'autant plus impé-
rieuse, que les parties peuvent s'opposer l'une à
l'autre des actes bilatéraux plus multipliés.

La place du quasi-contrat judiciaire est désormais fixée; c'est sa forme qu'il faut déterminer maintenant. Il a déjà été dit comment à
la procédure bilatérale des Romains notre ancien droit et, après lui, le Code de procédure
avaient substitué un acte simple émané du demandeur seul, dans lequel le défendeur joue
un rôle purement passif; il n'accepte plus expressément le défi qui lui est porté par son
adversaire; il ne croise plus le fer, mais il est
assigné, et cette assignation, encore qu'elle
n'ait provoqué de sa part aucune manifestation

extérieure, le soumet à l'éventualité du jugement. Il n'a pas été averti peut-être, l'exploit a
été *soufflé*, le quasi-contrat judiciaire n'en est
pas moins formé. L'intérêt du demandeur ab-
sorbe ici celui du défendeur, qui est lié par cela
seul que toutes les formalités de l'ajournement
ont été remplies. Voilà pourquoi, tandis que la
procédure romaine a recours à des moyens in-
directs et fait de grands efforts pour amener le
défendeur aux pieds du magistrat, la procédure
moderne est presque indifférente à sa comparution, devenue inutile pour donner un fondement légal à une décision judiciaire. Si elle
l'appelle avec quelque sollicitude, si elle le
somme de paraître, ce n'est qu'après le prononcé du jugement par défaut, non plus alors
dans l'intérêt du demandeur, qui a atteint son
but, mais dans celui du défendeur lui-même,
afin que, par une opposition formée en temps
opportun, il puisse renverser l'autorité nais-
sante du jugement qui s'élève contre lui.

Mais s'il n'est pas nécessaire, pour mettre le
juge en demeure de statuer, que le défendeur

comparaisse, ni même qu'il soit efficacement averti, du moins le demandeur ne doit-il rien négliger de ce que la loi lui ordonne pour faire connaître à son adversaire ses intentions hostiles. En vain viendra-t-il solliciter une sentence de la justice; s'il n'a pas scrupuleusement rempli toutes les formalités de l'ajournement, il ne sera pas écouté.

Ces formalités ont varié avec les législations diverses. L'influence du temps, si grande en toutes choses, l'a été surtout dans les institutions juridiques. Il y a loin, et pour la forme et pour les effets, de l'*in jus vocatio* romaine à notre ajournement libellé; car ce n'est pas seulement le mode, c'est encore le droit lui-même d'appeler son adversaire en justice, qui a subi les vicissitudes des siècles.

La loi des Douze Tables autorisait tout citoyen à user du droit de citation, sauf dans certaines circonstances déterminées par le préteur (1). Le droit nouveau exigea la permission du magis-

_____

(1) Pothier, in Pand., lib. 2, titul. 11.

trat pour assigner certaines personnes, telles
que les parents ou autres auxquelles on devait
des égards (1). L'ordonnance de 1302 (art. 22)
fit de cette exception une règle générale et absolue, que celle de 1667 restreignit aux assignations données devant les tribunaux supé-
rieurs ou dans quelques cours. Ces citations ne
pouvaient être données qu'après l'autorisation
préalable du prince, accordée par des lettres de
chancellerie (2).

La nécessité de cette autorisation n'était pas
alors spéciale à la France ; elle lui était commune avec ses voisins d'outre-Manche, et le
writ original servait de fondement à la juridiction de la Cour des Plaids Communs. Les
juges ne pouvaient se livrer à l'examen d'une
affaire qu'en vertu d'une permission royale :
« Ce furent les Normands qui introduisirent
» cette maxime, qu'il ne devait pas être procédé
» devant le juges royaux sans le *writ original*

<hr />

(1) Loi 3, au Dig. *de in jus vocando.*
(2) Ord. de 1667, tit. II, art. 10, 11 et 13.

» du roi : ils pensaient qu'il n'était pas conve-
» nable que des juges, qui ne sont que des sub-
» stituts de la Couronne, prissent connaissance
» d'aucune affaire, si elle n'était expressément
» renvoyée à leur juridiction (1). »

La loi du 11 septembre 1790 (art. 20 et 21) supprima l'usage des lettres de chancellerie ; dès lors il fut permis à tout plaideur de traduire son adversaire en justice et d'obtenir jugement sans autorisation préalable.

Le Code a maintenu cette faculté : le Législateur a pensé que, le droit d'ajourner ne pouvant pas être refusé dans la plupart des causes, demander la permission de l'exercer n'était plus qu'une vaine formalité. Il est des cas cependant où cette permission doit être obtenue avant l'assignation ; mais ce n'est plus en chancellerie, c'est au juge qu'on la demande. Une partie veut-elle, pressée par des circonstances graves, assigner à un délai moindre que celui qui est

---

(1) Blackstone, *les Lois anglaises*, V, chap. 18, *du Writ Original.*

déterminé par la loi ; ou un jour où la loi le défend, ce n'est qu'en vertu d'une permission du
juge qu'il peut enfreindre les règles de la procédure. Survient-il un de ces incidents dans
lesquels la simple citation en justice est une
injure pour celui auquel elle s'adresse, par cela
seul qu'elle fait naître l'ombre d'un soupçon,
l'autorisation préalable sera encore exigée (1).

Quant à la forme de l'assignation, elle a
connu aussi des variations nombreuses. Au
temps de Justinien, disparaît l'ancien droit romain ; la législation des Novelles vient forcer le
demandeur à joindre à l'*admonitio* un exploit
libellé de ses prétentions, avec sommation d'assister au jugement (2); celui qui le reçoit est
tenu d'y souscrire et de faire mention du jour
où il lui est parvenu. Un pas de plus encore, et
notre ajournement moderne allait être constitué,
lorsque l'ignorance et la barbarie du moyen âge
rappelèrent les formes oubliées de l'antique *in*

---

(1) Art. 63 et 72 du Code de procédure. —Art. 510, 364,
801, 805, 878 du même Code.

(2) Novelle 112, chap. 2.

jus vocatio. Le demandeur, accompagné de .témoins, se rend de sa propre autorité chez son adversaire, qu'il somme de comparaître tel jour devant tel juge (1). Cet usage d'ajourner de vive voix se conserva longtemps en France. En vain les ordonnances qui se succèdent exigent une assignation écrite; l'esprit national résiste, et l'ordonnance de 1667 trouve encore des sergents qui ne savent pas écrire. Ce n'est que lentement et après avoir été, pendant plusieurs siècles, un acte oral et d'autorité privée, que l'ajournement se transforme enfin en un écrit revêtu d'un caractère public.

Domat appelle l'ajournement « un exploit par » lequel un sergent *ajourne* un ou plusieurs » particuliers par-devant un certain juge et à » un certain jour, pour se voir condamner à ce » que l'on demande par cet acte (2). » Si l'on change le mot de *sergent* en celui d'*huissier*, la définition de Domat s'appliquera à l'ajournement tel qu'il se pratique aujourd'hui.

---

(1) Baluze, tom. I, p. 283.
(2) Domat, *Supplément au Droit public*, liv. IV, tit. II, § 1.

Ce serait ici le lieu d'expliquer les formalités
qui doivent présider à l'ajournement, sur lequel
les art. 59 et suivants du Code de procédure
ouvrent un vaste champ à la discussion. Mais
ne serait-ce pas s'écarter du but de cette recherche, que d'en ralentir le cours au milieu
de ces détails; et ne peut-on pas invoquer
l'exemple du poëte qui s'attache aux points principaux, négligeant ceux qui lui paraissent
moins importants et moins dignes d'intérêt :

> . . . . *et quæ*
> *Desperat tractata nitescere posse , relinquit* (1) ?

Aussi bien le moment est-il venu de justifier ces
expressions, si souvent employées déjà, de *quasi-
contrat judiciaire*, et d'essayer de concilier l'idée
de quasi-contrat avec celle d'ajournement.

Le Code Napoléon définit le quasi-contrat :
« un fait purement volontaire de l'homme, dont
» il résulte un engagement quelconque envers

---

(1) Horat., *de Arte Poeticâ*, vers. 140, 150.

» un tiers et quelquefois un engagement réci-
» proque des deux parties (1). »

L'ajournement est-il un fait volontaire de
l'homme? On n'en saurait douter. Libre d'intenter son action au moment même où son droit
est violé, ou d'en différer l'exercice, le demandeur ne subit aucune contrainte; aucune obligation ne l'enchaîne, aucune autorité ne lui
commande impérieusement. Cependant un examen plus attentif conduirait peut-être à une
distinction entre les causes déterminantes de
l'ajournement et les inspirations spontanées
d'où naissent les faits que la loi appelle quasi-
contrats, et, entre autres, la gestion d'affaires.
Le demandeur peut, il est vrai, s'abstenir de
l'action; mais, s'il persiste dans un silence trop
prolongé, il perd bientôt le droit de le rompre.
Aucune déchéance de ce genre ne menace celui
qui reste étranger aux affaires d'autrui; s'il s'y
mêle, c'est un simple intérêt d'affection qui le
sollicite ; de sorte qu'en reconnaissant que

---

(1) Art. 1371.

l'acte du demandeur qui introduit l'instance est volontaire, on peut lui refuser ce caractère d'initiative et de spontanéité qui distingue les quasi-contrats.

Quoi qu'il en soit de cette distinction purement théorique, l'ajournement est un fait volontaire. Est-il une source d'obligations? C'est là seconde condition qu'il doit remplir pour constituer un quasi-contrat. La réponse affirmative à cette question résulte de ce qui a déjà été dit. L'ajournement impose aux deux parties l'obligation d'être jugées; une décision judiciaire peut être valablement rendue entre elles et les engager toutes les deux, sans autre préliminaire, sans autre fondement que la demande; le vœu de la loi est donc rempli. Il y a plus : comme cette obligation est bilatérale, si l'on applique aux quasi-contrats une division classique adoptée pour les contrats, on pourra appeler ceux dont parlent les art. 1372 et suiv. du Code Napléon, *synallagmatiques imparfaits*, et réserver le nom de *synallagmatique parfait* au quasi-contrat judiciaire. L'ajournement est donc un quasi-contrat, et, puisqu'il se produit sous la forme d'une demande en justice, rien ne s'oppose à ce qu'il soit qualifié de *judiciaire*; il sera, il est vrai, *sui generis*, et par sa nature et par les circonstances au sein desquelles il se produit; mais, en donnant du quasi-contrat une définition générale, l'article 1371 ne permet-il pas de qualifier ainsi tous les faits qui remplissent la double condition qu'il exige?

Déterminé quant à sa forme, fixé quant à sa place dans la procédure, le quasi-contrat judiciaire ne serait pas complétement connu, s'il n'était étudié dans ses effets. Le principal, c'est l'obligation d'être jugé, dont il n'est pas sans intérêt d'examiner la nature et de développer les conséquences. Cette obligation est bilatérale : dès que l'ajournement est lancé, quel que soit le sort ultérieur de l'instance, chaque partie est tenue de subir le jugement à venir; il y a, comme il a déjà été dit, droit acquis à chacun des plaideurs de faire prononcer la Justice sur la cause, obligation pour chacun d'eux de respecter sa décision.

Par l'ajournement, le demandeur s'engage à soutenir ses prétentions devant le juge et à se soumettre au résultat de l'instance. Cette obligation a pour sanction le droit que la loi accorde au défendeur d'obtenir un défaut-congé contre son adversaire, s'il néglige de conclure ; un jugement contradictoire, si, après avoir conclu, il refuse de plaider.

Quel est l'effet du jugement par défaut-congé ? éteint-il l'instance et oblige-t-il le demandeur, s'il veut poursuivre son droit, à en introduire une nouvelle ? Celui-ci peut-il, au contraire, continuant l'instance première, revenir par la voie de l'opposition contre le défaut-congé ? Il semble qu'en théorie, tout droit d'opposition doive lui être refusé. Ce jugement ne prononce aucune condamnation, et une nouvelle instance peut le faire considérer comme non avenu. Il est vrai que, toutes les fois qu'il en peut être ainsi, l'opposition devrait être interdite au demandeur, qui porterait alors peine de sa négligence. Mais il est des cas où une nouvelle instance n'est plus possible, lorsque, par exemple, dans l'intervalle qui sépare l'introduction de l'instance du défaut-congé, la prescription s'est accomplie. Aussi, la pratique, plus bienveillante, contre la rigueur des principes, accorde-t-elle au demandeur négligent le droit de former opposition au défaut-congé.

Du caractère bilatéral de l'obligation d'être jugé il résulte que le demandeur ne peut pas, à son gré, poursuivre ou abandonner l'instance qu'il a introduite. L'ajournement a conféré au défendeur des droits qui ne peuvent lui être enlevés malgré lui. Le procès engagé appartient aux deux parties; le quasi-contrat judiciaire, formé entre les plaideurs, les enchaîne tous deux également. La désertion de l'instance, quelque forme qu'elle emprunte, se traduirait-elle même par un retrait de la demande, est un désistement véritable, qui exige un mutuel consentement.

Le défendeur peut, d'ailleurs, avoir le plus grand intérêt à ce que la procédure suive son

cours : « Le défi que vous m'avez porté, dira-
» t-il à son adversaire, je l'accepte ; ce juge in-
» compétent *ratione personæ*, que vous avez
» saisi, je l'agrée; ce tribunal compétent que
» vous avez choisi entre plusieurs, il a toute ma
» confiance. Si, en me citant devant lui, vous
» m'avez imposé l'obligation, vous m'avez aussi
» donné le droit d'y comparaître et d'y obtenir
» justice. Vous avez mal combiné votre attaque
» peut-être; la prescription que vous invoquez
» n'est pas accomplie; vos moyens de preuve
» vous font défaut; je veux poursuivre la lutte
» sur le terrain où vous l'avez vous-même en-
» gagée, je veux profiter des avantages que
» m'a faits votre aggression inconsidérée. Je
» triompherai peut-être dans une demande re-
» conventionnelle, et la condamnation que vous
» sollicitez contre moi, c'est moi qui vais l'ob-
» tenir contre vous. »

Il est cependant des cas où le défendeur serait
mal venu à tenir ce langage. Ainsi, par exemple, à une assignation donnée par le demandeur
il oppose l'incompétence du tribunal devant

lequel il est cité : le demandeur pourra-t-il, tant que les débats ne roulent encore que sur cette exception, se désister malgré son adversaire? Oui, assurément; car on ne peut pas dire que le procès appartienne aux deux plaideurs, tant que l'un d'eux repousse la compétence du tribunal saisi. Le demandeur peut donc, dans ce cas, retirer son action et dérober la connaissance de la cause à des juges que son adversaire n'a pas acceptés.

De même, si le défendeur oppose la nullité de l'exploit, le demandeur peut, pour prévenir les lenteurs et les frais d'un débat de forme, se désister, sans son consentement, de l'acte attaqué, et lui en signifier un autre, sur lequel aucune difficulté de ce genre ne pourra s'élever.

Ainsi, soit que le défendeur conteste la compétence du juge, soit qu'il critique la validité de l'ajournement, le tribunal n'est pas réellement saisi; il n'y a pas quasi-contrat judiciaire formé entre deux parties, dont l'une se refuse à plaider, en ce sens que la résistance du défendeur le rend impuissant à se prévaloir des droits que lui confère l'assignation qu'il a reçue.

A part ces exceptions, et en thèse générale, le demandeur est lié par le quasi-contrat judiciaire, en ce qui touche l'obligation de subir l'instance; mais l'est-il également quant à la nature et à l'étendue du droit qu'il invoque?

Ici se présentent naturellement les souvenirs de cette époque de la procédure romaine, à peine sortie de la barbarie, hérissée de formalisme, où le demandeur est enchaîné par la prétention que, dans son inspiration première, il a soumise au magistrat. C'est une loi immuable qu'il s'est à lui-même dictée et à laquelle il ne peut se soustraire; c'est une limite infranchissable qu'il a imposée à son droit. En vain le cours des débats viendra l'éclairer; en vain reconnaîtra-t-il que, trop audacieuse, sa demande a dépassé la limite du vrai, ou que, trop timide, elle lui est restée inférieure; il est lié; les témoins qu'il a invoqués rapporteront fidèlement ce qu'ils ont entendu. Il perdra sa cause, s'il a exprimé des vœux imprudents; il n'obtiendra, dans l'instance, qu'une partie de ce qui lui est dû, s'il a omis de déduire tout son droit en justice.

Sous l'empire du système formulaire, le *judex*, qui tenait son pouvoir d'une *certa formula*, devait absoudre le défendeur, lorsque son adversaire ne justifiait pas sa demande ou ne la justifiait qu'en partie; et lorsque le droit déduit *in judicium* était absorbé, on ne pouvait plus actionner, même en réduisant dans de justes limites la demande primitive (1).

Quant à l'*incerta formula*, elle ne donnait pas à cet effet de la *plus-petitio* l'occasion de se produire, puisqu'elle soumettait au juge une prétention indéterminée; or, il ne pouvait y avoir *plus-petitio* que dans la *prétention*, c'est-à-dire dans l'*intentio* de la formule. Une *condemnatio* exagérée ne préjudiciait pas au demandeur; la *restitutio* (2) offrait à celui qui l'avait laissé ré-

---

(1) Gaius, Comm., lib. IV, § 68.
(2) Gaius, Comm., lib. IV, § 57.

diger, un moyen facile de la faire réduire. Si la *condemnatio* contenait moins que l'*intentio*, le juge ne pouvait pas condamner au delà de ce qui y était contenu, et, comme tout le droit déduit *in judicium* était absorbé, le demandeur perdait ce qui en avait été omis dans la *condemnatio*.

Il en était autrement lorsque le contenu de l'*intentio* était inférieur au droit du demandeur; la partie du droit qui n'avait pas été déduite en justice, pouvait encore faire l'objet d'une nouvelle demande, mais sous un autre préteur (1).

Avec les formules, s'effacent les vrais principes de la *plus-petitio* en droit romain; les constitutions des empereurs les modifient d'une manière arbitraire. D'après celle de Zénon (2), approuvée par Justinien, celui qui intentait une action ayant le temps fixé ne pouvait la renouveler qu'après un délai double de celui qui avait été imparti dans l'origine; il n'avait pas

(1) Gaius, lib. IV, §§ 56 et 122.
(2) Restituée par Cujas, obs. XII, 21.

droit aux intérêts qui avaient couru dans l'intervalle, et il n'était admis à réitérer utilement sa demande qu'après avoir désintéressé le défendeur des frais de la première instance.

Quant au plaideur trop discret qui avait demandé moins qu'il ne lui était dû, il voyait son omission réparée par le juge.

S'il y avait, en toute autre façon, *plus-petitio*, Justinien voulait que le demandeur indemnisât son adversaire au triple du tort qu'il lui avait causé. Par *plus-petitio* on entendait alors toute exagération dans la demande.

Repoussées par notre ancien droit, ces règles subtiles ont complétement disparu de la législation moderne. On reconnaît aujourd'hui au demandeur la faculté de modifier ses conclusions en tout état de cause et jusqu'à la sentence : non pas qu'il soit permis de dénaturer complétement la question, ni de changer en action réelle une demande qui se serait d'abord produite sous la forme personnelle ; mais le contenu de l'exploit n'a plus cette importance si grande attachée à la formule et qu'eut plus tard le *libellus conventionis*. Les pouvoirs du juge ne sont plus strictement renfermés dans l'ajournement, comme ils l'étaient autrefois dans la formule. La liberté du plaideur dans le débat s'est accrue, en même temps que grandissait l'autorité du juge, devenu magistrat et réunissant en sa personne le caractère du *judex* et les prérogatives qui étaient l'apanage, exclusif jadis, de la puissance prétorienne.

La demande est-elle exagérée, le juge n'en accorde pas moins ce que sa conscience et sa conviction lui montrent comme légitimement dû, et le demandeur présomptueux ne se trouve plus, par l'effet du quasi-contrat judiciaire, dans la périlleuse alternative d'obtenir tout ce qu'il a demandé, ou de voir complétement rejetées ses imprudentes prétentions. Est-ce un plaideur timide, qui a négligé dans son exploit une partie de ce qui lui est dû, rien n'est perdu pour lui : il peut, dans la même instance, modifier ses conclusions et y insérer tout ce qu'il avait omis d'abord. Aucune peine ne menace aujourd'hui les plaideurs téméraires. Si le juge

regarde la demande comme non recevable ou
mal fondée, il en déboute simplement celui qui
l'a formée et le condamne aux dépens.

Le quasi-contrat judiciaire ne lie donc pas le
demandeur quant au montant de sa demande,
qui, produite dans des conclusions successives,
peut varier jusqu'à la sentence. Mais en modifiant ainsi ses prétentions, en les élevant et
les abaissant à son gré, le plaideur peut-il,
suivant son caprice, rendre le jugement susceptible d'appel ou le mettre à l'abri de cette
critique? Faut-il dire, au contraire, que la
demande fixe irrévocablement le taux du dernier
ressort, de sorte qu'après l'ajournement, il
n'appartienne plus au demandeur de faire que
la sentence subisse ou non l'épreuve du second
degré de juridiction?

Il semble, au premier aperçu, que, relative-
ment au dernier ressort, le taux de la demande
doit être uniquement consulté, et que c'est à
l'exploit qu'il faut demander quelle est l'importance du procès. Donner aux conclusions
dernières le privilége de déterminer le sort du

jugement, c'est laisser le demandeur arbitre de la cause, libre d'accorder à ses juges, suivant ses intérêts, le droit de statuer sans appel, libre de changer l'ordre des juridictions, et de se jouer ainsi des prévoyances de la loi.

Ces considérations ont fléchi devant d'autres raisons plus puissantes, qui ont entraîné la jurisprudence dans des voies opposées.

La faculté d'interjeter appel d'un jugement a évidemment pour base l'importance du litige soumis à la décision du juge. Qui déterminera cette importance? Le plus souvent, ce sera l'ajournement, s'il est suivi de conclusions conformes, ou ces conclusions elles-mêmes, si elles diffèrent des prétentions élevées dans l'exploit. Mais si le demandeur, usant du droit qui lui est accordé par la loi et s'abandonnant à l'inconstance de ses inspirations, modifie plusieurs fois sa demande dans le cours de l'instance, qui fixera dès lors le montant de l'intérêt sur lequel le juge sera appelé à se prononcer? Évidemment les dernières conclusions, qui sont les seules dont le demandeur ait voulu définitivement se prévaloir devant la justice. Tels sont les motifs qui ont fait établir comme une jurisprudence certaine que le taux du dernier ressort est déterminé par les dernières conclusions (1).

Si le demandeur peut ainsi faire varier, avec ses prétentions, le pouvoir du tribunal devant lequel la cause est pendante, en est-il de même du défendeur? lui appartient-il, à l'aide d'une action reconventionnelle, de faire retentir devant une cour souveraine les accents d'un débat qui, d'après l'importance de la demande principale, n'aurait jamais dû franchir l'enceinte du tribunal de première instance?

Avant la loi de 1838, la question était résolue négativement.

« A l'instant où le tribunal a été saisi de la » demande originaire, disait un savant magis- » trat (2), la loi l'a constitué juge souverain

---

(1) Ainsi jugé : Cour de Besançon, arrêt du 20 mars 1850; — Cour de Rennes, 26 mars 1849; — Cour de Rouen, 2 février 1849.

(2) M. Henrion de Pansey, *De l'autorité judiciaire en France*, t. I, p. 391, *in fine*.

» (lorsque la demande est inférieure au taux du
» dernier ressort). C'est conséquemment devant
» un juge en dernier ressort que le défendeur
» a formé sa demande reconventionnelle ; or,
» quel est l'effet de la reconvention ? C'est uni-
» quement de proroger la juridiction ; mais
» proroger une autorité, ce n'est pas la dénatu-
» rer, c'est, et rien de plus, l'étendre au delà de
» ses limites. A cette extension près, la juridic-
» tion prorogée demeure donc, après la proro-
» gation, ce qu'elle était auparavant ; si elle
» était en dernier ressort, elle conserve cette
» prérogative ; autrement les particuliers pour-
» raient détruire l'ouvrage de la loi et se jouer
» scandaleusement de la nature des juridictions.
» En effet, le défendeur, toujours maître de for-
» mer une demande reconventionnelle, de s'en
» désister et de la reprendre ensuite, pourrait
» alternativement enlever et rendre à ses juges
» le droit éminent de statuer en dernier res-
» sort. »

C'est en 1827 que parlait ainsi M. le président
Henrion de Pansey, et, depuis cette époque, la

loi de 1838 a rendu cette solution inadmissible, en substituant un texte formel à l'opinion personnelle des auteurs.

Le législateur de 1838, pour déterminer le taux du dernier ressort, considère isolément la demande principale et la demande reconventionnelle ou en compensation. Chacune d'elles, prise séparément, est-elle inférieure à 1,500 fr. de capital ou à 60 fr. de revenu, encore que, réunies, elles s'élèvent à une valeur supérieure au taux du dernier ressort, le tribunal de première instance est juge souverain (1).

L'une des demandes dépasse-t-elle les limites ci-dessus indiquées, le tribunal ne prononce sur le tout qu'en premier ressort.

Ainsi, il y a deux procès distincts, mais dont l'un entraîne l'autre devant la juridiction supérieure. Pour savoir s'il y a ou non lieu à l'appel, les deux demandes ne doivent jamais être réunies. Cette idée n'était-elle pas déjà en germe dans l'esprit d'un ancien jurisconsulte, qui di-

---

(1) Loi du 11 avril 1838, art. 2.

sait de la reconvention : « *Duplex negotium , al-* » *terum diversum ab altero ; sunt enim in mutuis* » *petitionibus duæ hypotheses vel causæ, duo nego-* » *tia vel judicia* (1).

La loi de 1838 soumet donc aux mêmes règles, en ce qui touche le dernier ressort, et la demande principale et celle qui se produit sous les auspices de la reconvention : sous ce rapport, le quasi-contrat judiciaire ne lie ni le demandeur ni le défendeur ; l'un et l'autre restent libres, le premier, en modifiant ses conclusions, de disposer de la recevabilité de l'appel ; le second, en formant une demande reconventionnelle, de soumettre aux deux degrés de juridiction une cause sur laquelle la demande principale avait permis au juge de statuer sans appel.

Mais voici d'autres effets de l'ajournement, d'autres liens de droit qu'il forme entre les parties et qui doivent être réunis, parce qu'ils

_____

(1) Commentaire d'Eusèbe de Laurière sur l'art. 106 de la coutume de Paris.

puisent dans un même principe leur source commune.

L'époque à laquelle se forme le quasi-contrat judiciaire est celle où le demandeur, usant d'un droit consacré par la loi, revendique ce qui lui appartient ou réclame ce qui lui est dû. C'est à ce moment que, rigoureusement et abstraction faite de la difficulté des formes et des lenteurs de la procédure, le droit violé devrait obtenir réparation. De là, trois conséquences remarquables de l'ajournement : la prescription est interrompue, et avec elle s'évanouissent les avantages attribués à la bonne foi, les intérêts courent, le jugement remonte, quant à ses effets, au jour de la demande.

La plupart des résultats du quasi-contrat judiciaire, tel qu'il se forme dans notre droit actuel, étaient produits autrefois par la *litiscontestatio*. C'était elle notamment qui introduisait le droit en justice; c'était au moment de la *litiscontestatio* que l'on disait : *res in judicium deducitur*. Cette *deductio* n'était pas sans influence sur le droit, qui échappait ainsi à une cause

d'extinction, imminente peut-être, la proscrip-
tion. Mais le droit romain présentait ici une de
ces particularités qui le caractérisent : il distin-
guait l'usucapion, moyen civil d'acquérir le
domaine et source d'action, de la prescription,
institution prétorienne, qui n'était qu'une exception à l'action. La prescription était interrompue par la demande en justice, lorsqu'au
moment où elle aurait dû être opposée, le défendeur n'avait pas encore le temps de possession exigé pour se prévaloir de l'exception (1);
l'usucapion, au contraire, résistait à l'action du
propriétaire, et, si elle s'accomplissait dans le
cours du procès, le domaine était acquis au possesseur, parce que l'usage avait continué utilement jusqu'au jour de la sentence (2).

Lorsque Justinien confondit en une seule et
même institution la prescription et l'usucapion,
il adopta la règle jadis suivie pour la première,
et il voulut que la possession, soit des meubles,

---

(1) L. 10, au Code, *de præscriptione longi temporis.*
(2) Paraphrase de Théophile, liv. III, tit. XVIII, § 1.

soit des immeubles, fût interrompue par l'action du propriétaire, dès le moment où la controverse serait élevée, et non plus seulement à partir de la *litiscontestatio* (1).

Notre ancienne jurisprudence suivit ces errements ; sous son règne, c'est aussi la *mota controversia* qui arrête le cours de la prescription :

« La prescription est interrompue et cesse de
» courir par une demande en justice contre le
» possesseur ; car, pour prescrire, il faut que la
» possession ait été paisible et de bonne foi,
» et la demande en justice fait que la posses-
» sion n'est plus paisible, et que le possesseur
» cesse d'être dans la bonne foi (2). »

Ce que dit Domat de la prescription acquisitive, il le dit aussi de celle qu'on appelle libératoire :

« Un créancier perd sa dette pour avoir man-
» qué de la demander dans le temps de la près-

---

(1) Au Code, liv. VII, tit. XXXIII, loi 10.

(2) Domat, *Les lois civiles, de la possession et de la prescription*, sect. V, 15.

» cription. Le débiteur est déchargé par le long
» silence de son créancier (1). »

Ces idées ont traversé les âges et dominent
encore aujourd'hui dans notre droit. Faut-il
s'en étonner, lorsqu'elles ont pour base la définition même de la prescription, qui n'est autre
chose que la présomption d'une juste cause
d'acquisition ou de libération fondée sur le silence du propriétaire ou du créancier pendant
un temps déterminé? Si ce silence est rompu, si,
avant l'époque fixée par la loi, le propriétaire
ou le créancier manifeste l'intention de poursuivre ses droits, la présomption s'évanouit et
la prescription cesse de courir. En vain le procès
traînera en longueur, en vain s'accompliront les
jours de la prescription; elle ne sera point ac-
quise, et les droits du propriétaire ou du
créancier qui s'est constitué demandeur, seront
désormais sous la protection de la justice.

Mais ces délais de procédure, ces retards apportés à la réparation du droit, encore qu'ils

_____

(1) *Ibid* , 1.

soient inutiles pour la prescription, n'en cau-
sent pas moins un préjudice réel au demandeur; cependant, en s'adressant à la justice,
il a pris toutes les précautions pour mettre ses
droits à couvert; il ne doit donc pas supporter
les pertes dont ces lenteurs sont la source.
Aussi la loi a-t-elle voulu que les intérêts de
la demande courussent du jour où elle est intentée (1). Le juge n'a pas encore parlé, il n'a
dicté aucune loi aux parties; le demandeur a
seulement élevé la voix, et, empruntant au
contrat sa puissance, il a fait naître l'obligation
aux intérêts, qui sont dus comme s'ils avaient
fait l'objet d'une convention.

Des motifs analogues font remonter les effets
du jugement au jour de la demande; c'est à ce
jour que les parties avaient le droit de l'obtenir.
Si les exigences impérieuses de la procédure
l'ont retardé, ces délais ne peuvent pas changer
les rapports des parties, qui doivent être mises

---

(1) Art. 1153, 1155, 1207, 1682, 1901 du C. Napoléon.

au même et semblable état que si la sentence
eût été rendue aussitôt l'ajournement.

C'est aussi au jour de la demande qu'il faut
considérer la valeur de l'objet litigieux comme
fixant l'importance du procès au point de vue
du dernier ressort, lorsque, les prétentions du
demandeur restant d'ailleurs les mêmes, cette
valeur varie pendant l'instance.

En droit romain, la faculté d'appeler était
indépendante de l'intérêt du litige : *et in majo-
ribus et in minoribus causis appellandi facultas
est* (1). Une constitution de Valentinien III (2),
qui interdisait l'appel au-dessous de cent so-
lides, n'a pas été admise par Justinien. D'après
la législation de cet empereur, la valeur du
litige peut influer sur la manière d'instruire
l'affaire en appel, mais non sur la recevabilité
de l'appel lui-même (3).

Aujourd'hui, l'appréciation de la valeur de

_____

(1) Loi 20, au Code, *de appellationibus*.
(2) Nov. Valent. 12.
(3) Loi 37, au Code, *de appellationibus*.

l'objet du procès au jour de la demande, pour
déterminer le dernier ressort, résulte des principes qui viennent d'être exposés, et d'après lesquels les parties ne doivent ni profiter ni souffrir
des retards apportés à la prononciation du jugement, qui produit les mêmes effets que s'il
eût été rendu à l'heure où il a été sollicité.

Ces principes sont de droit commun; aussi
peut-on s'étonner de voir l'art. 1445 du Code
Napoléon en faire une mention spéciale, comme
d'une règle exclusivement applicable au jugement qui prononce la séparation de biens entre
deux époux.

A celui qui demanderait s'il est vrai d'une
manière absolue que tous les jugements remontent, quant à leurs effets, au jour de la
demande, il faudrait répondre par une distinction, qui, pénétrant au cœur même de l'œuvre
du juge, touche sa nature intime et justifie en
même temps la disposition finale de l'art. 1445
du Code Napoléon.

Le jugement, on l'a dit maintes fois, ne crée
pas pour la partie qui triomphe un droit nou-

veau, il reconnaît seulement et consacre un
droit préexistant, qu'il met en lumière et auquel il donne la sanction et l'efficacité dont il a
besoin; il agit sur les rapports de droit des
parties, comme l'aurait fait, s'il eût été possible,
un contrat intervenu entre elles lors de l'ajournement; aussi remonte-t-il, quant à ses effets,
au jour de la demande, parce qu'il tient la place
du contrat dont les liens n'ont pu se former à
cette époque.

Mais il arrive parfois que le jugement présente un tout autre caractère; loin de proclamer
des droits antérieurs, il en crée de nouveaux :
tantôt il brise des rapports juridiques établis,
pour leur en substituer d'autres tout différents ;
tantôt il rapproche des parties jusque-là étrangères l'une à l'autre, en les unissant par des
relations de droit auxquelles il donne lui-même
la vie, la force et l'autorité. Et ce qu'il y a de
remarquable, c'est que les liens qu'il forme
alors sont tels, que la volonté des parties, seule
et réduite à ses propres forces, eût été impuissante à les faire naître.

Ces rapports de droit sont donc essentiellement judiciaires dans leur origine, étrangers à
toute idée de contrat au moment de l'ajournement; aussi les effets qu'ils produisent ne ré-
troagissent pas et ne datent que du jour où la
sentence est prononcée.

Ces considérations conduisent naturellement
à distinguer deux classes de jugements : les uns,
consacrant un droit antérieur, exercent une action sur le passé et remontent, quant à leurs
effets, au jour de la demande : c'est le plus
grand nombre, et ils suivent la règle générale;
les autres, créant des droits nouveaux, n'ont
d'influence que sur l'avenir; leurs conséquences
légales ne remontent pas au delà du jour où ils
ont été rendus : c'est l'exception.

Dans cette dernière classe il faut ranger les
jugements qui autorisent une adoption, nom-
ment un tuteur, un conseil judiciaire, pro-
noncent une interdiction, une séparation de
corps, etc. Quant au jugement qui prononce
une séparation de biens, il faut lui reconnaître
les mêmes caractères qu'à ceux qui viennent

d'être signalés ; mais, en considération des intérêts qu'il est appelé à protéger, ses effets
n'ont pas été soumis à la loi que semble lui assigner sa nature ; il rentre dans la règle commune, et ses effets remontent au jour de la demande. C'est une anomalie. La logique exigeait
qu'il n'eût pas d'empire sur le passé ; mais la
justice et la faveur légitime due à la femme de-
mandaient la rétroactivité. Ce sont les intérêts
de la femme qui triomphent, bien qu'ils soient
énergiquement combattus par les intérêts non
moins sacrés des tiers, qu'une sentence vient
frapper à l'improviste, avant même qu'ils n'aient
été avertis de l'action en séparation de biens.
Cette application de la règle au sein de circonstances qui semblent légitimer l'exception, devait donc trouver place dans l'article 1445, et
la mention spéciale dont elle est l'objet, loin de
porter atteinte au principe général, le confirme,
en même temps qu'elle consacre, par l'autorité
légale dont elle la revêt, la distinction qui
vient d'être établie.

De la rétroactivité des effets du jugement au

jour de la demande, il faut conclure que le
quasi-contrat judiciaire exerce sur le droit du
demandeur une influence conservatrice. Tant
qu'il continue ses effets protecteurs, le droit
est à l'abri de la prescription, les intérêts de la
demande sont sauvegardés, et le jugement qui
interviendra, s'il consacre ses prétentions, ré-
troagira au jour où elles se sont produites. Ses
liens sont-ils brisés, l'instance qu'il avait créée
s'évanouit-elle avant la sentence, il est non
avenu ; le droit du demandeur subsiste comme
s'il n'eût jamais été produit devant la justice ;
mais il est soumis à la prescription, qui est
alors considérée comme n'ayant pas connu d'interruption.

Il n'en est pas ainsi de la *litiscontestatio* du
droit romain formulaire ; elle aussi, il est vrai,
agit énergiquement sur le droit du demandeur ;
elle crée pour les parties des droits nouveaux,
mais elle les établit parfois sur les ruines du
droit primitif, au nom duquel l'action a été intentée. Ce droit est éteint *ipso jure*, par une novation de droit civil, si l'action est personnelle

(*in personam*), légitime (*legitimum*), et conçue *in jus*, parce que le droit primitif est une obligation civile, ainsi que le droit nouveau né de la *litiscontestatio*; ce dernier nove le premier, auquel il se substitue, et l'ancienne obligation ne peut plus servir de base à une action nouvelle : *Posteà de eâdem re agi non potest*, c'est-à-dire que le préteur refuse la formule.

Il ne s'opère aucune novation, et l'ancien droit continue de subsister, lorsque l'action manque de l'un des trois caractères qui viennent d'être indiqués. Si elle est *in rem*, le droit primitif ne peut être nové par une obligation; est-elle *in factum*, la novation ne peut avoir lieu, car l'obligation née de la *litiscontestatio* ne saurait exercer aucune influence sur un fait. Enfin, si l'instance n'est qu'un *judicium imperio continens*, n'empruntant qu'une autorité éphémère au pouvoir du magistrat, elle est impuissante à détruire un droit permanent. Dans ces trois cas, en présence de la persistance du droit primitif, le défendeur est soumis à la fois et à ce droit et au droit nouveau né de la *litis-*

contestatio ; de sorte que rigoureusement le demandeur pourrait encore, avant la sentence, diriger contre lui une seconde action pour la même cause. Mais, comme cette double poursuite serait inique, la dernière demande serait repoussée par l'exception *rei in judicium deductæ,* et, après la sentence, par l'exception *rei judicatæ.* Si le *judicium imperio continens* s'éteint avant le jugement, l'exception *rei in judicium deductæ* sera combattue par la réplique de dol.

En résumé, y a-t-il novation, le quasi-contrat judiciaire crée des rapports de droit nouveaux, qui absorbent le droit primitif ; la novation ne peut-elle se produire, le droit primitif subsiste.

Cette distinction et, avec elle, les effets de la novation judiciaire disparaissent peu à peu à mesure que s'approche l'heure de la décadence du système formulaire.

Déjà Théodose II permet de présenter sous un nouvel aspect une action sur laquelle il y a eu *litiscontestatio.* Ce même empereur, en établissant une prescription de 30 ans pour les actions perpétuelles non intentées, veut qu'elle soit interrompue par une *conventio* notifiée par un *executor*, et, à partir de cette *conventio* ou de la *litiscontestatio*, si elle a lieu, il accorde à l'action une vie nouvelle de 30 années, prolongée de 10 ans par Justinien (1).

Une ère nouvelle s'ouvre donc pour le droit à partir du moment où il est déduit en justice; non-seulement il échappe à la prescription, mais il n'est plus désormais soumis qu'à une prescription plus longue et moins imminente que celle qu'il évite; et, faveur insigne! le délai court, non pas de l'introduction de l'instance, mais du dernier acte de procédure signifié entre les parties: *Ex quo novissimum litigatores tacuerunt*, — *postquàm utraque pars cessavit.*

C'est là une sorte de réaction contre les anciens principes : la *litiscontestatio* qui absorbait le droit primitif au temps des formules, le fortifie et recule, sous Justinien, les limites

---

(1) Loi 9, au Code, *de præscriptionibus*; — loi 1, § 1, au Code, *de annalibus exceptionibus.*

de sa durée; à cette époque surtout, on peut dire: *Non deteriorem, sed meliorem nostram causam facimus, actionem exercentes.*

Aujourd'hui, le quasi-contrat judiciaire exerce sur le droit du demandeur une action salutaire; il conjure la prescription, mais il est impuissant à prolonger son existence: ses effets ne s'étendent pas au delà de sa durée, et lorsqu'il vient à cesser, la prescription revit et se relève aussi menaçante que si elle n'eût jamais été interrompue. L'instance est un bouclier qui couvre le droit, le défend contre les dangers qui l'environnent, mais qui emporte avec lui jusqu'au souvenir de sa protection passagère et de tous ses éphémères bienfaits.

Il suit de là qu'on ne saurait mesurer l'étendue et la durée des effets du quasi-contrat judiciaire, sans connaître sa propre durée, puisqu'avec lui s'effacent toutes les conséquences dont il est la source. Cette recherche se lie donc intimement à l'étude de ses effets. Ici encore se présente la législation romaine avec des singularités dignes de fixer l'attention.

La différence entre les *judicia legitima* et les *judicia imperio continentia* se trahit surtout dans leur durée. Les premiers, bien qu'ils ne constituassent que des instances formulaires, étaient assimilés, en certains points, aux actions de la loi, dont ils avaient recueilli l'héritage. Le *legitimum judicium*, de même que l'action de la loi, ne connaissait pas de bornes dans le temps ; le juge qui était donné aux parties avait un mandat perpétuel pour statuer sur leur différend. Ce fut la loi *Julia judiciaria* qui, la première, lui compta les jours de son existence et lui assigna, pour être jugé, le terme de dix-huit mois, après lequel il expirait : *Legitima judicia lege Juliâ judiciariâ, nisi in anno et sex mensibus judicata fuerint, exspirant : et hoc est quod vulgò dicitur à lege Juliâ judiciariâ litem anno et sex mensibus mori* (1).

Quant au *judicium imperio continens*, né du pouvoir temporaire du magistrat, il s'éteignait

---

(1) Gaius, Comment. IV, § 101.

avec lui : *Tamdiù valet quamdiù is qui cum præ-cepit, imperium habebit* (1).

Avec le système formulaire disparaît cette dis-tinction, tous les *judicia* deviennent *imperio continentia*, et comme les magistrats sont ins-titués à vie, la durée de l'instance devient illi-mitée. Aussi Justinien, dans la loi 13, au Code, *de judiciis*, la fixe-t-il à trois ans, en menaçant de sa colère les juges qui se permet-traient de statuer sur des causes contestées depuis plus de trois années.

Cette loi a été célèbre, dans notre ancien droit, sous le nom de loi *properandum*, et la plupart des auteurs qui ont conféré la jurispru-dence française avec la législation romaine, l'ont présentée comme la base de notre péremp-tion moderne. Mais il y a une grande différence entre les dispositions de la loi *properandum* et la péremption, telle qu'elle est établie par les ordonnances de nos rois, et notamment par

---

(1) *Ibid.*, § 105.

celle de Roussillon de 1563 (1). La loi romaine pose au procès une limite fixe de 3 années, qu'il ne peut dépasser ; elle veut que, dans ce délai, le juge prononce, tant en la présence qu'en l'absence des parties, quelle que soit, du reste l'interruption des procédures. Suivant l'ordonnance de Roussillon, au contraire, la péremption n'a lieu qu'en cas de discontinuation des poursuites pendant trois années. La loi *properandum* établit une règle générale applicable à tous les procès ; l'ordonnance de Roussillon laisse sans bornes la vie de l'instance ; elle accorde seulement au défendeur un moyen de combattre la négligence trop persistante de son adversaire.

La péremption romaine et la péremption française, bien que le même délai semble leur avoir été imparti, n'ont donc, au fond, aucun point commun ; l'examen des textes confirme l'opinion d'Hévin , qui appelle notre péremption *jus verè gallicum.* Oui, notre péremption est toute française, et jamais la loi *properandum* n'a

_____

(1) Art. 15 de l'ordonnance.

reçu d'application en France, même dans les parlements où l'ordonnance de Roussillon n'a point été enregistrée. Il faut le reconnaître cependant, la loi *properandum*, l'article 15 de l'ordonnance de Roussillon et l'article 397 du Code de procédure tendent à un but commun, celui de créer, à des époques et dans des conditions différentes, des modes d'extinction du quasi-contrat judiciaire.

Mais la péremption est-elle le seul danger qui le menace, ou faut-il admettre une autre cause de mort pour l'instance et pour ses effets?

Toutes les sources d'obligation, contrats, quasi-contrats et autres, ne produisent que des effets restreints dans leur durée, et les actions qui en découlent ne peuvent être exercées que pendant un temps déterminé. Ce temps ne dépasse pas trente années : c'est la limite fatale que l'article 2262 du Code Napoléon impose à tous les droits, tant réels que personnels.

En est-il ainsi des obligations et des autres rapports juridiques que fait naître entre les parties le quasi-contrat judiciaire? De même que le droit, dont on néglige l'exercice pendant 30 années, tombe sous le coup de l'art. 2262, faut-il dire aussi que l'instance qui, suspendue pendant ce même laps de temps, n'a pas été éteinte par la péremption, l'a au moins été par la prescription trentenaire ?

Au milieu des hésitations de la doctrine, la Cour suprême semble s'être définitivement prononcée en faveur de l'affirmative, qui trouve aussi chez d'excellents auteurs (1) un sympathique accueil.

« Les instances, dit l'un d'eux, outre et à
» défaut de la courte prescription qui leur est
» propre, mais qui doit être demandée, sont
» aussi soumises à la prescription générale de
» l'art. 2262. La loi, quand elle dit dans cet
» article que « toutes les actions, tant réelles
» que personnelles, sont prescrites par trente
» ans, » entend parler de toutes les réclama-
» tions que l'on peut faire, de tous les droits
» que l'on peut vouloir exercer; elle veut dire

---

(1) MM. Merlin, Marcadé.

» que rien ne peut échapper à la prescription
» trentenaire. Celui qui, après avoir introduit
» une instance, n'y donne aucune suite, l'aban-
» donne complétement. En vain, après trente
» ans, ses représentants voudront-ils s'en pré-
» valoir et la continuer; l'instance est périe et,
» avec elle, tous les effets qu'elle avait pro-
» duits, par cela même qu'elle a été délaissée
» pendant 30 ans. »

Telle est, ajoute-t-on, la doctrine de notre
ancien droit. Brodeau (1) dit « qu'après trente
» ans, tout est péri et proscrit; les assigna-
» tions, les jugements, tout se proscrit par
» trente ans. » Julien, sur les statuts de Provence, reproduit cette pensée, en disant que la
partie qui demeure trente ans dans l'inaction
est censée avoir renoncé à son droit; il cite un
arrêt de la Cour des aides de Provence du 6 février 1737 et un autre du 22 avril 1761. Sous
l'empire du Code enfin, le même principe est

---

(1) Sur Louet, lettre P, § 10, n° 3.

consacré par trois arrêts de la Cour suprême
des années 1831, 1841 et 1852.

C'est trancher, un peu rapidement peut-être,
une difficulté qui semble digne d'une attention
plus scrupuleuse et de plus profondes médita-
tions. Lorsqu'on se reporte aux divergences de
l'ancien droit en matière de prescription et de
péremption, n'a-t-on pas quelque sujet de
s'étonner, en entendant citer comme autorités
dans cette question envisagée au point de vue
du droit actuel, des arrêts de 1737 et de 1761?

Il est toujours pénible de combattre des opinions qui ont pour défenseurs d'éminents jurisconsultes, et en faveur desquelles s'est élevée la
voix si imposante de la Cour suprême. Aussi,
avant d'entrer dans la discussion, est-il naturel
de chercher à se retrancher à l'ombre de quelques principes, qui porteront toute la responsabilité de l'opinion qui va suivre. Ils serviront
peut-être, en même temps, à préciser la nature
de l'instance, à faire distinguer les obligations
qui naissent du quasi-contrat judiciaire, de celles

qui ont leur source dans tout autre contrat ou quasi-contrat, et assurément ils ne permettront pas d'assimiler, quant au mode d'extinction, une instance qui n'est pas poursuivie à une action dont on néglige l'exercice.

Si l'on considère la position du débiteur et du créancier, celle du possesseur et du propriétaire avant toute intervention de la justice; si l'on étudie les rapports de droit qui les unissent, celui qui frappe d'abord, c'est le droit d'action, le droit qu'a l'un de poursuivre l'autre, le créancier pour obtenir payement du débiteur, le propriétaire pour faire reconnaître contre le possesseur son droit de propriété: rapport unilatéral, dans lequel l'un joue un rôle actif, l'autre un rôle purement passif; situation juridique qui touche diversement les deux parties. Tandis que l'une a le plus vif et le plus légitime désir de conserver son droit, l'autre soupire après l'heure où elle verra tomber des mains de son adversaire l'action dont la loi l'a armé contre elle.

Ces intérêts opposés ont ému le législateur,

et, à sa voix, la prescription est venue tenir entre eux une juste balance. Le propriétaire et le créancier auront toute liberté pour exercer leur action; mais le débiteur et le possesseur ne resteront pas perpétuellement exposés à leurs poursuites. Si le créancier ou le propriétaire se montre négligent, l'arme de la loi se brise dans sa main trop longtemps inactive; le possesseur devient propriétaire, le débiteur est libéré. C'est un châtiment infligé à l'inertie, tant pour le repos du débiteur et du possesseur que pour le bien public, qui ne veut pas que la propriété demeure incertaine, ni que les descendants lointains d'un débiteur puissent être poursuivis par les représentants d'un créancier trop peu soucieux de ses droits.

Que l'on veuille bien maintenant étudier la position que fait aux plaideurs l'instance engagée par le quasi-contrat judiciaire, et se demander si elle se prête à la prescription.

L'instance établit entre les parties des rapports de droit réciproques; à peine a-t-elle pris naissance, déjà elle appartient aux deux adversaires : tous deux sont obligés de la subir, tous deux aussi peuvent s'en prévaloir. C'est un champ clos dont l'un ne saurait sortir sans le consentement de l'autre, et dans lequel l'un et l'autre ont intérêt peut-être à conserver l'état juridique où les a placés le quasi-contrat judiciaire, à poursuivre la lutte, à faire respecter les effets qu'elle a produits dans le passé et les droits qu'elle leur réserve dans l'avenir.

C'est le demandeur, par exemple, qui a conduit au pied d'un tribunal incompétent *ratione personæ* un défendeur oublieux de l'exception ; il a obtenu des jugements préparatoires ; des expertises ont eu lieu, des enquêtes ont été faites dans des circonstances heureuses, qu'il lui serait difficile de faire renaître. Dans cette situation favorable, il s'arrête, il s'y complaît, il suspend les poursuites. Dira-t-on qu'il doit être puni de sa lenteur? Mais le défendeur, de son côté, peut agréer et vouloir conserver le sort qui lui est fait. Les conjonctures au sein desquelles s'est produite la demande, les phases qu'a traversées l'instance, les vicissi-

tudes qu'elle a subies, peuvent lui avoir fait
prendre une attitude: qu'il tient à garder. Le
coup qui frapperait le demandeur pourrait atteindre aussi son adversaire; de sorte que, si
l'on comprend la prescription comme privant
l'une des parties du droit d'agir contre l'autre,
on ne la conçoit plus, lorsqu'elle vient enlever
aux deux plaideurs des avantages respectifs et
leur ravir à tous deux le bénéfice des avantages
que l'instance leur a conférés.

Ces observations permettent déjà d'entrevoir
que tel mode d'extinction qui convient à l'action,
peut ne pas être commun à l'instance. Il y a
plus : tandis que l'action ne met en présence
que deux parties, le débiteur et le créancier, ou
le possesseur et le propriétaire, l'instance introduit entre elles une troisième personne qui,
on le sait déjà, n'est pas sans influence sur
leurs rapports juridiques. Si le créancier est
libre d'exercer son action au jour et à l'heure
qu'il a choisis, s'il peut fixer à l'avance le moment où sera remis l'ajournement, il ne saurait
déterminer avec la même précision l'époque à

laquelle sera rendu le jugement qu'il sollicite.
A côté du fait des parties vient se placer le fait
du juge, qui pèse de son autorité sur le sort
de l'instance, qu'il domine souverainement lorsque, le rôle des plaideurs étant rempli, commence celui des interprètes de la loi.

On se demandait, sous l'ancien droit, « si le
» procès instruit et distribué à un rapporteur,
» en Cour souveraine, était prescriptible, lors-
» qu'on le laissait trente ans sans poursuites. »
Cette question partageait les auteurs : les uns
voulaient que les instances fussent soumises à
la prescription, comme les arrêts; selon d'autres,
la prescription ne courant pas contre ceux auxquels on ne peut reprocher aucune négligence,
et le respect dû aux magistrats ne permettant
pas de leur faire des sommations de juger, on
ne pouvait opposer aux parties le défaut d'une
sentence qu'il n'a pas été en leur puissance d'obtenir. Deux arrêts du parlement de Paris con-
sacraient cette opinion : l'un du 14 août 1649,
rendu par toutes les chambres réunies, l'autre
du 3 juillet 1760 ; tous deux pourraient être op-

posés aux arrêts contraires de 1737 et de 1761, si toutefois il y avait en ces derniers quelque autorité à combattre.

Il est vrai que la base de cette jurisprudence est aujourd'hui renversée, puisque l'article 505 du Code de procédure civile permet de prendre les juges à partie pour déni de justice. Mais est-ce à dire que celui qui aura refusé d'entrer dans cette voie périlleuse, verra l'instance tomber devant la prescription ? devra-t-il être victime de son respect pour la dignité du magistrat, de son hésitation légitime en présence des difficultés et des dangers de la prise à partie ?

Loin de là assurément est la pensée du législateur : en créant la prise à partie, il en a fait un moyen extraordinaire de protester contre l'opiniâtreté du juge qui, par son refus de prononcer sous prétexte de l'insuffisance ou de l'obscurité de la loi, causerait un préjudice réel aux parties; mais il n'a pas voulu impartir aux magistrats un délai fixe pour statuer sur les causes qui leur sont soumises. Nous n'avons plus au-

jourd'hui de loi *properandum* qui limite la durée
de l'instance ; le fait du juge domine le procès
et ne permet pas que l'instance soit soumise au
même mode d'extinction que l'action.

Où puiserait-on, d'ailleurs, les éléments de la
prescription dont on la menace? Aux considérations présentées jusqu'ici s'unit, pour la re-
pousser, la voix plus puissante des textes; et cet
article 2262 du Code Napoléon, que l'on revendique dans l'opinion contraire, les adversaires
de la prescription peuvent s'en saisir eux-mêmes
et l'invoquer, non sans quelque puissance, en
faveur de leur cause.

Lorsqu'on lit dans cet article que toutes les
actions, tant réelles que personnelles, seront
prescrites par trente ans, on voit bien la repro-
duction de l'article 118 de la coutume de
Paris (1); mais on se demandera, avec une sur-

_____

(1) « Si aucun a jouy, usé et possédé d'un héritage ou
» rente ou autre chose prescriptible par l'espace de trente
» ans continuellement, tant par lui que par ses prédé-
» cesseurs, franchement et publiquement et sans aucune

prise legitime peut-être, quel rapport existe
entre cet article et une prétendue *prescription
d'instance*, et comment une traduction peut être
assez libre pour permettre de lire : « L'instance
» qui demeurera sans poursuites pendant
» trente années sera éteinte, et ses effets se-
» ront considérés comme non avenus. »

Le mot *action* signifie, dans l'article 2262, le
droit de former une demande en justice, de lier
son adversaire par le quasi-contrat judiciaire.
Est-ce donc intenter une action que présenter
une requête, signifier un acte d'avoué à avoué ?
On ne saurait le prétendre : c'est par l'ajournement que la demande est formulée, que l'instance est introduite; lorsqu'on la laisse sans
poursuites, on ne néglige pas d'exercer un
droit d'action dont on s'est déjà prévalu. S'il y
a une négligence, elle n'est pas de droit civil,
elle est toute de procédure; si une déchéance

» inquiétation, supposé qu'il ne fasse apparoir de titre,
» il a acquis prescription entre aagez et non privilé-
» giez. »

a été encourue, ce n'est pas au Code Napoléon,
c'est au Code de procédure à la prononcer : c'est
à ce dernier Code qu'il faut demander comment
les instances finissent.

Cette partie de notre législation présentait
une tâche pénible et difficile à remplir. Il
fallait faire disparaître cette déplorable confusion qui existait, dans l'ancien droit, entre la
prescription de l'action et la péremption de
l'instance. Il fallait ramener l'ordre dans ce
chaos de coutumes, au sein duquel les ordonnances de nos rois n'avaient pu apporter qu'une
lumière incertaine et vacillante, puisque, par
l'un des plus déplorables abus de la puissance
judiciaire, il était permis aux Cours de justice
d'y fermer les yeux.

Les divergences en cette matière étaient sans
nombre : ici, à l'ombre de la contestation en
cause, l'instance défie la péremption; là, encore qu'elle soit périmée, elle conserve le privilége d'interrompre la prescription.

En vain l'ordonnance de Roussillon condamne
l'une et l'autre doctrine; elle n'est point enre-

gistrée au parlement de Grenoble, qui repousse toute péremption.

La Franche-Comté n'en connaît pas d'autre que celle de trente ans, tandis qu'à la péremption l'Artois substitue l'interruption annale.

Au grand conseil de Malines, la puissance du quasi-contrat judiciaire est telle, que l'instance, à peine introduite, s'y perpétue et résiste aux efforts du temps : « La pratique est » notoire au grand conseil, dit Dulaury, que la » péremption d'instance n'a pas lieu; et ainsi » j'ai vu résumer des causes qui avaient été » impoursuivies pendant plus de quatre-vingts » ans. »

Enfin, comme pour consacrer plus solennellement encore cette confusion entre la vie de l'action et celle de l'instance, les parlements de Bretagne et de Normandie n'admettent la péremption que lorsqu'elle emporte la prescription de l'action.

Au milieu de ces dispositions diverses et au-dessus des résistances vaincues des parlements, s'est élevée la voix du législateur du Code, qui

ramène à l'unité les principes si contradictoires
en cette matière. Faut-il s'étonner que, parmi
les articles 397 et suivants du Code de procédure, il n'en soit pas un seul qui ne tende à
réformer un abus ou à détruire une pratique
surannée?

La législation nouvelle distingue l'action de
l'instance : l'action se prescrit, l'instance se
périme; la prescription a lieu de plein droit, la
péremption doit être l'objet d'une demande; la
minorité suspend le cours de la prescription,
la péremption s'accomplit nonobstant l'état d'incapacité du mineur. La loi a ainsi consacré
cette distinction entre l'action, qui est un droit
unilatéral du créancier contre son débiteur, ou
du propriétaire contre le possesseur, et l'instance, qui est l'œuvre des deux parties, établit
entre elles des rapports réciproques et subsiste
jusqu'à ce que le consentement réel ou présumé
de chacune d'elles vienne les faire cesser. Le
demandeur néglige en vain de la poursuivre; en
vain un silence de trois années vient faire sup-
poser de sa part, l'intention d'y renoncer; in-

sensible à ces démonstrations, l'instance vit
toujours, parce qu'il n'est pas permis à l'une
des parties de détruire un état de droit dont
chacune d'elles peut se prévaloir. Il n'est pas
permis au demandeur d'abandonner le terrain
sur lequel il a lui-même appelé son adversaire;
son désistement n'est valable que lorsqu'il est
agréé par le défendeur. Ce qu'il ne peut pas
faire expressément, il ne peut le faire d'une
manière implicite. Une cessation de poursuites
pendant trois années ne détruit pas l'instance;
elle autorise seulement le défendeur à invoquer
la péremption. Voilà pourquoi on a appelé la
péremption une *prescription synallagmatique*,
parce que, devant briser le double lien formé
par l'instance, elle ne peut avoir lieu de plein
droit, mais exige impérieusement le consentement des deux parties. De même que l'action,
qui n'appartient qu'au créancier, se prescrit
par le fait seul de celui-ci, ainsi l'instance, qui
appartient aux deux parties, ne se périme que
par le fait de chacune d'elles : par celui du
demandeur qui laisse écouler trois années sans

poursuites, par celui du défendeur qui se prévaut de la négligence de son adversaire en formant sa demande en péremption.

Cette différence entre l'action et l'instance n'est pas de théorie pure, elle se trahit dans la pratique et distingue la prescription de la péremption. Si l'instance échappe à la prescription, c'est que ce mode unilatéral d'extinction n'est pas en harmonie avec sa nature essentiellement bilatérale. Le demandeur suspendrait-il ses poursuites pendant trente années, si la péremption n'est pas demandée par le défendeur, les errements de la procédure pourront reprendre leur cours, et un acte valablement signifié par le demandeur, en enlevant à son adversaire le droit d'invoquer son silence, réveillera une instance qui n'était qu'assoupie, et qui poursuivra sa marche comme si sa vie n'eût jamais cessé d'être active.

A cette doctrine, qui accorde au quasi-contrat judiciaire une durée illimitée, les contradicteurs n'ont pas manqué : selon les uns, l'instance ne produit d'effets que pendant le temps requis pour la prescription de l'action qui lui sert de base; ce temps écoulé, l'instance est périmée, l'action est éteinte.

D'autres, moins sévères, regardent l'instance comme créant un droit distinct de l'action elle-même, droit qui ne participe ni aux mêmes vicissitudes ni aux mêmes dangers, mais qui, subissant la loi commune à tous les droits, est soumis à la prescription trentenaire (1). Cette opinion a été adoptée par un savant auteur (2), qui d'abord n'avait pas vu de limites à la durée du quasi-contrat judiciaire.

Le premier système est puisé dans l'ancienne jurisprudence; confondant l'instance et l'action, il leur impose à toutes les deux la même prescription. La distinction établie plus haut ne permet plus cette confusion, surtout en présence de l'art. 397 du Code de procédure qui, indifférent à la durée de l'action introduite, dispose,

---

(1) MM. Carré et Chauveau, *Lois de la procédure civile*, n° 1424.

(2) M. Merlin, Additions, tome XVII, pages 448 et 449.

d'une manière générale, que toute instance tombe devant une demande en péremption, après une cessation de poursuites de trois années.

Etablir, à côté de cette péremption, une prescription opérant de plein droit et dont la durée varie avec celle de l'action, accepter ce résultat que l'instance qui repose sur une action biennale ou décennale, sera prescrite par deux ou dix années de silence de la part du demandeur, c'est tomber dans l'arbitraire; car la loi est muette sur la *prescription d'instance*, sur les règles qu'elle doit suivre, sur les effets qui doivent lui être attribués.

Le second système, exposé avec quelques détails au début de cette discussion, se borne à considérer comme applicable à l'instance l'article 2262 du Code Napoléon. Des efforts ont été faits déjà pour démontrer que cet article n'avait pas pour but de fixer la durée du quasi-contrat judiciaire, mais celle des actions considérées avant toute demande en justice. Lorsque l'instance est engagée, il n'y a pas seulement une *action nue* ne pouvant subsister que par ses propres forces, il n'y a plus seulement les droits réels ou personnels dont parle l'art. 2262; à côté de ces droits, il y a une procédure, à l'extinction de laquelle président des règles spéciales. Tandis que l'action tombe sous la prescription de dix, vingt ou trente années, trois ans suffisent pour mettre à néant l'instance et, avec elle, tous les effets qu'elle a produits. Mais, pour corriger la rigueur de ce délai restreint, il est un principe formel : c'est que la péremption doit être demandée ; d'où il suit que ce terme de trois ans est le minimum fixé par la loi à la durée d'une instance muette, pour ainsi dire, tandis que le maximum est indéfini et dépend uniquement de la volonté de celui auquel il appartient d'invoquer la péremption.

Il y a donc dans les deux systèmes un égal arbitraire, soit qu'avec le premier on adopte une *prescription d'instance*, inconnue au Code de procédure, soit qu'avec le second on confonde la procédure et l'action, en la soumettant à une prescription trentenaire qui est toute de droit civil.

Mais, si le temps seul ne peut rien contre l'instance, ne trouve-t-il pas parfois des auxiliaires puissants qui, s'unissant à lui pendant le cours du procès sous la forme d'incidents, lui permettent d'en triompher?

La mort de l'une des parties, la cessation des fonctions de son représentant peuvent venir interrompre l'instance et donner lieu à une reprise ou à une constitution de nouvel avoué. Dans ces circonstances, la péremption ne peut être demandée qu'après trois ans et six mois de suspension; il y a plus : outre cette péremption, mode d'extinction spécial à l'instance, il faut reconnaître une prescription, non pas de l'instance, mais de l'action en reprise d'instance. Tel est, du moins, l'avis de la Cour de cassation, qui, le 24 vendémiaire an XII (1), déci-

_____

(1) Arrêt cité dans le *Journal des avoués*, tome XVIII, page 951.

dait que l'action en reprise d'instance se pres-
crivait par le même laps de temps que l'action
principale; de sorte que, s'il s'agit, par exemple, d'une action en rescision intentée dans une
instance interrompue depuis, dix ans écoulés à
dater de l'interruption sans assignation nouvelle suffisent à éteindre l'action en reprise
d'instance et, par suite, l'action elle-même,
sans que la péremption ait été demandée.

Cette décision semble contraire à la doctrine
qui ne soumet l'instance qu'à une seule prescription, celle connue sous le nom de péremption. Mais c'est assez, trop peut-être, d'avoir
une fois combattu la Cour suprême; aussi bien,
peut-on soutenir que les principes restent saufs,
même en présence de l'arrêt de l'an XII.

L'instance à reprendre, sans être anéantie,
n'a cependant plus qu'une existence condition-
nelle, subordonnée à l'acte de reprise. Ce n'est
qu'à partir de la signification de cet acte que
l'instance revient à la vie et recouvre son influence première; jusqu'à ce moment, le droit
de la partie à laquelle il appartient de renouve-

ler la lutte ne s'appuie plus sur l'instance elle-même, mais sur l'action qui en est la source, et l'instance interrompue se trouve replacée sous le coup de la prescription qui aurait menacé l'action toute nue, et dont le point de départ est le jour de l'interruption.

Sans émettre une opinion sur l'arrêt de la Cour suprême, on peut donc dire, d'une manière générale, que, même en adoptant son principe, l'instance, à part le désistement, ne connaît pas d'autre mode d'extinction que la péremption.

Cette règle n'est pas, d'ailleurs, étrangère à l'exception. Il y aurait de la présomption à ne pas reconnaître que certaines instances, placées à l'abri de la péremption, n'échappent pas à la prescription. Telles sont les instances pendantes devant la Cour de cassation. La procédure suivie devant cette Cour n'est point réglée par notre Code. Le 27 juin 1738, le chancelier d'Aguesseau faisait adopter au parlement de Paris un règlement pour les affaires portées au conseil des parties. Modifié par le décret du 27 novembre, par la loi du 1er décembre 1790 (art. 28) et par celle du 27 ventôse an VIII (art. 90), ce règlement a été maintenu en principe, et il régit encore aujourd'hui la procédure devant la Cour de cassation. Parmi les changements qu'il a subis, aucun ne porte sur la durée de l'instance, qui reste soumise à l'ancienne prescription trentenaire.

Les instances pendantes devant des arbitres librement choisis par les parties (1) obéissent aussi, en ce qui touche leur durée, à des règles spéciales. Si le délai de l'arbitrage a été fixé, l'instance dure jusqu'à son expiration; si aucune limite dans le temps n'a été imposée à la mission des arbitres, elle cesse après trois mois, à dater du jour du compromis (2).

Il en était autrement sous l'empire de la loi des 16-24 août 1790 (3), d'après laquelle « les » compromis qui ne fixaient aucun délai et ceux » dont le délai était expiré, étaient néanmoins

---

(1) Conf. art. 54 du Code de commerce.
(2) Art. 1007 du Code de procédure civile.
(3) Titre I, art. 3.

» valables et avaient leur exécution, jusqu'à ce
» qu'une des parties eût fait signifier aux arbi-
» tres qu'elle ne veut pl :s tenir à l'arbitrage. »

Sauf ces exceptions, et en règle générale,
l'instance échappe aux vicissitudes du temps et
y soustrait avec elle l'action qu'elle a introduite.
C'est en ce sens que l'on peut traduire et trans-
planter dans notre droit actuel ce vieux principe
du droit romain : *Omnes actiones quæ morte aut
tempore pereunt, semel inclusæ judicio, salvæ permanent* (1).

A l'influence absorbante de la novation romaine a succédé l'empire tout protecteur de
l'instance sur l'action. Tant que dure l'instance,
le droit ne saurait périr ; prend-elle fin, le droit
peut vivre et menacer encore, mais il a tout à
craindre de la prescription. L'instance et l'action ont, chacune suivant sa nature, leurs
règles, leurs conditions d'existence et leur
mode d'extinction.

_____

(1) Gaius, *ad edictum prætoris urbani*, 1. 139, ff. *de di-
versis regulis juris*.

Telle est, avec les principaux motifs qui militent en sa faveur, la théorie de la durée illimitée du quasi-contrat judiclaire. Diversement appréciée dans le monde des jurisconsultes, accueillie par les uns, repoussée par les autres, elle a pu paraître, comme on l'a dit, *trop hasardée* (et elle l'est assurément) pour trouver un asile dans un mémoire bien impuissant d'ailleurs à la défendre. Elle y est demeurée cependant, non pas comme une protestation contre le jugement dont elle a été l'objet, mais comme un hommage rendu à celui de ses partisans qui lui a le plus généreusement prodigué et l'autorité de sa science et l'éclat de son beau talent. Que si quelques hautes sympathies lui font défaut, si elle doit renoncer pour toujours aux honneurs de l'application, elle pourra du moins invoquer, non les accents affaiblis de la voix du disciple, mais la parole d'un maître habitué dès longtemps à se faire écouter sur cette matière, à commander aux convictions, et sous les puissantes inspirations duquel on a pu, à juste titre, s'estimer heureux de s'égarer.

Après avoir examiné le quasi-contrat judiciaire dans ses effets, dans sa durée, dans son
action sur les droits débattus dans l'instance,
il reste à étudier la nature de l'engagement
auquel il donne naissance. Les contrats, source
principale des engagements, se présentent naturellement à cette recherche comme un sujet
fécond en comparaisons et en rapprochements.

Quant à l'origine, une différence notable a
déjà été signalée entre l'obligation qui résulte
du quasi-contrat judiciaire et celle qui a sa
source dans un contrat : celle-ci dérive d'un
fait bilatéral, l'accord de deux volontés sur un
même point ; celle-là, d'un fait unilatéral, l'ajournement signifié par le demandeur à l'adversaire
qu'il défie.

Voici une autre distinction plus profonde, qui
porte sur l'objet même de l'engagement.

Dans le contrat, le point sur lequel s'ac-
cordent les deux volontés est fixe et déterminé ;
les parties se sont à elles-mêmes dicté une loi
dont elles ont pu, à l'avance, mesurer la portée
et les conséquences ; le vendeur qui se dépouille

de la propriété d'un immeuble, l'acheteur qui promet un prix, savent tous les deux quelle est l'étendue de leurs obligations respectives. On ne pourra pas exiger du vendeur la délivrance d'un immeuble autre que celui qu'il a vendu, et il serait malvenu lui-même à demander à l'acheteur un prix plus élevé que celui qui a été stipulé dans l'acte.

En est-il de même de l'engagement qui naît du quasi-contrat judiciaire? Au moment où il se forme, les obligations des deux parties offrent-elles ce caractère de détermination qui distingue celles qui ont leur source dans un contrat?

Si on se reporte à l'époque du système formulaire, où la procédure romaine se développe avec une précision scientifique, la réponse devra être affirmative. La formule est un véritable contrat conditionnel; les prétentions des parties y sont définitivement fixées, et le rôle du juge se borne à exécuter l'ordre qu'il a reçu du préteur : « *Si paret Aulo Agerio Numerium Negidium centum millia sestertium dare oportere, condemna; si non paret, absolve.* » Il n'y a pas pour le juge de place à l'arbitrage; il faut qu'il condamne ou qu'il absolve. Le demandeur, en élevant ses prétentions à cent mille sesterces, son adversaire, en défendant à l'action, n'ont pas ignoré quelles obligations ils contractaient. Rien d'imprévu dans l'instance, pas de surprise ni d'incident qui vienne faire monter ou descendre le taux de la demande. Les parties marchent d'un pas assuré dans le procès, et lorsque s'élèvera la voix du juge, elle ne pourra leur dicter d'autres lois que celles qu'elles se sont à elles-mêmes imposées dans le quasi-contrat judiciaire, qui, en ce point, se rapproche visiblement du contrat.

On n'en saurait dire autant du quasi-contrat judiciaire moderne. L'ajournement ne fixe pas d'une manière définitive la position des parties dans l'instance, qui est soumise à des péripéties et à des révolutions diverses. La question posée dans l'assignation peut être plusieurs fois modifiée; aux conditions primitives peuvent en succéder de nouvelles. On peut demander ensuite ce qu'on avait d'abord négligé, et jusque sur la barre, au moment suprême où le juge va prononcer, des conclusions accessoires peuvent renouveler la face du procès (1). L'instance ouverte sur un médiocre intérêt peut voir s'étendre ses limites, et conduire à un dénoûment inattendu dont l'ajournement ne recélait pas le principe, et qui déjoue toutes les prévisions.

C'est ainsi qu'ensemble ont grandi la liberté du juge et celle du plaideur dans l'instance, et que se sont successivement reculées les bornes de leur pouvoir et de leur sphère d'action. Déterminé au temps des formules, le quasi-contrat judiciaire revêt, en droit français, un caractère prononcé d'indétermination, et lorsque le juge devient compétent pour statuer, non-seulement sur les demandes principales et accessoires du demandeur modifiées jusqu'à la sentence, mais encore sur celles qui, dans la même

_____

(1) On ne peut cependant pas prendre de conclusions nouvelles entre le jugement qui ordonne un délibéré et le jugement définitif.

instance, en vertu du même quasi-contrat, pourront être intentées par le défendeur, alors l'indétermination est au comble, l'imprévu domine les conséquences du quasi-contrat judiciaire qui, par la nature de l'engagement qu'il produit, se sépare profondément du contrat.

Au temps où florissait le système formulaire, la pire condition du demandeur, c'était l'*absolution* de son adversaire : *si non paret, absolve ;* aucune condamnation ne pouvait l'atteindre. Que si le défendeur avait une demande à intenter contre son agresseur, il devait solliciter une formule nouvelle, qui conférât au juge le pouvoir de statuer sur ce procès nouveau.

Ce ne fut que lentement et sous les auspices des constitutions impériales, que naquit et se développa le droit pour le défendeur de prendre l'offensive et de répondre, par une demande et dans la même instance, aux prétentions élevées contre lui. Persécutée au moyen âge par les seigneurs justiciers, à cette époque où le droit de rendre la justice était revendiqué comme une source abondante de revenus, la reconvention

8

trouva un refuge dans les cours ecclésiastiques,
d'où elle fut introduite, timidement d'abord,
dans les cours laies par l'article 106 de la coutume de Paris, pour atteindre peu à peu les
proportions qu'elle a prises aujourd'hui et qui
ont porté au plus haut degré le caractère d'indétermination qui distingue le quasi-contrat judiciaire; de sorte que, chose impossible autrefois, après la ruine des espérances qu'il fondait
sur son action, le demandeur peut voir encore
tourner contre lui-même la condamnation qu'il
sollicitait contre son adversaire.

Si là se bornait la différence entre l'engagement qui naît de l'instance et celui qui a
sa source dans un contrat, ils auraient du
moins un point commun : tous deux résulte-
raient du fait des parties. Il n'en est pas ainsi :
dans l'instance et dans le jugement qui ré-
sume tous les droits actifs et passifs des plaideurs, on l'a dit déjà, à côté du fait des parties
vient se placer le fait du juge, dont l'influence
s'étend sur l'instance tout entière et règne surtout dans la décision judiciaire.

Le demandeur engage la lutte, expose ses droits; le défendeur répond; tous deux apportent les pièces à l'appui de leurs allégations respectives, appellent les témoins, se livrent à tous les actes de procédure propres à éclairer la religion du magistrat, et tous les engagements qui naissent de ces actes sont leur œuvre. Puis le juge prononce, et, à son tour, il dicte aux parties des obligations nouvelles dans une sentence préparée, il est vrai, par leurs soins, mais qui porte, fortement empreinte, la marque de son pouvoir.

C'est là une différence sensible entre le jugement et le contrat. Tandis que l'un est tout entier du fait des parties, l'autre est tout à la fois et du fait des parties et du fait du juge; tandis que le notaire, qui rédige le contrat, n'intervient que pour donner l'authenticité à un acte déjà complet en lui-même, le juge exerce sur la sentence une action dominante et créatrice. L'officier public constate des obligations nées de la volonté des parties; le juge en impose qui souvent contrarient les désirs et les vœux des deux plaideurs.

Il faut donc reconnaître au jugement *une nature contractuelle,* dont il puise les éléments dans la coopération des deux parties, et *une nature judiciaire,* qui a sa base dans l'influence toute-puissante du magistrat.

Cette distinction n'est pas stérile. A ces deux natures du jugement correspondent deux classes de voies d'attaque, l'une, à la nature contractuelle, et les voies qui y sont comprises ont leurs parallèles dans celles ouvertes contre les contrats; l'autre, à la nature judiciaire, et cette dernière classe renferme des moyens d'attaque exclusivement propres aux jugements.

Quels sont d'abord les moyens d'attaque qui peuvent sembler communs au contrat et au jugement considéré comme étant l'œuvre des parties?

Entre l'ajournement et le jugement se place l'instance, composée d'une succession d'actes, significations d'avoué à avoué, enquêtes, expertises, serments, témoignages, et tant d'autres qui, émanant alternativement des deux parties, sont destinés à préparer la solution du litige.

L'influence de ces actes sur le jugement est

évidente. Sont-ils sincères et en bonne forme, ·
le jugement dépend alors uniquement de l'appréciation du juge : aucune fraude n'a été em-
ployée pour surprendre une décision inique, et
si le jugement peut être attaqué sur d'autres
points, sa partie contractuelle sera, du moins,
pure de toute souillure, à l'abri de toute critique.
Sont-ils entachés de fraude, alors devient atta-
quable la partie contractuelle du jugement. La
mauvaise foi, qui a induit le juge en erreur,
autorise le plaideur qui en est victime, à solliciter la réformation de la sentence.

Or, la fraude peut être organisée dans l'instance de deux manières : par une partie contre
l'autre, par une partie ou par toutes les deux
contre un tiers intéressé.

Au premier cas, c'est une pièce fausse qui a
entraîné l'erreur du juge, ce sont des pièces
décisives qui ont été dissimulées pendant l'instance, c'est un dol personnel de la partie. Dans
toutes ces circonstances, s'ouvre contre le jugement une voie d'attaque spéciale, la requête
civile.

Dans le second cas, c'est un tiers dont les intérêts ont été lésés par un jugement où il n'a pas été appelé ou dans l'instance duquel il n'a pas été régulièrement représenté. La loi l'autorise à se pourvoir par tierce opposition.

Ainsi, deux moyens d'attaque fondés sur des vices inhérents à la nature contractuelle du jugement : la requête civile et la tierce opposition. Si l'on cherche parmi les voies d'attaque ouvertes contre les conventions, on en trouve deux qui correspondent à celles-ci : les actions en sescision pour fraude ou défaut de formes (article 1304 du Code Napoléon) et l'action Paulienne (art. 1167 du même Code).

Ces moyens semblent communs aux contrats et aux jugements. La requête civile se rapproche des actions en rescision, et la tierce opposition, de l'action Paulienne. Mais ces analogies ne sont pas sans des nuances, non-seulement de délais et de formes, mais encore de fond, qu'il faut maintenant examiner.

Comment expliquer d'abord, par la différence qui existe entre le jugement et le contrat, la diversité des règles qui gouvernent la requête civile et l'action en rescision ?

L'incapacité des parties, le vice de leur consentement sur l'objet et sur la cause de la convention, sont des bases de l'action en rescision. Les parties ne peuvent valablement stipuler, que lorsque la loi ne leur en enlève pas le droit, à raison de leur âge, de la faiblesse de leur esprit ou de la légèreté de leur conduite. Si cette faculté ne leur a pas été ravie, elles ne sont irrévocablement engagées, aux yeux du législateur, que lorsque leur consentement est pur de toute erreur, dol ou violence, et lorsqu'il n'y a dans la cause, ni dans l'objet de la convention, rien de prohibé par la loi. Si l'une de ces conditions manque, alors s'ouvre la voie de nullité ou de rescision.

Il en est de même à l'égard du jugement. L'incapable, la victime de la fraude ou de l'inobservation des formalités requises, invoquent la requête civile. Ici, le contrat et le jugement se rapprochent, les deux voies d'attaque semblent se confondre; mais elles se divisent

biontôt et sont soumises à des règles différentes,
quant à la forme et quant aux délais.

En ce qui touche la durée de l'action en nullité ou en rescision d'une convention, l'article 1304 du Code Napoléon s'exprime d'une
manière explicite: toutes les fois qu'elle n'est
point limitée à un temps moindre, elle est de
dix années. L'action en requête civile s'éteint
après trois mois. Cette différence peut étonner à
juste titre, puisque le jugement, dans sa partie
contractuelle, se rapproche intimement du contrat. Pourquoi celui qui a été trompé dans un
jugement, est-il moins protégé que celui qui a
été victime d'une convention?

En remontant aux sources, on trouve à l'action
en rescision et à la requête civile une origine
commune. Le droit romain accordait la *restitution en entier* et contre les conventions elles-
mêmes et contre les jugements considérés dans
leur partie contractuelle. La loi 1, ff. *de in integrum restitutionibus*, ne distingue pas. « *Sub
» hoc titulo*, dit Ulpien, *plurifariam prætor homi-
» nibus vel lapsis, vel circumscriptis subvenit, sive*

» *metu, sive calliditate, sive absentiâ, sive ætate,*
» *inciderunt in captionem.* »

C'est un mode de recours général contre toute
espèce de dol et de tromperie, et il pouvait être
exercé pendant le même délai, soit qu'il s'agit
de faire réformer un jugement, soit que l'on
voulût briser les liens d'un contrat. Ce délai
était, sous l'ancien droit, d'une année utile.
Justinien le prorogea jusqu'à quatre années con-
tinues : *quadrennium continuum* (1).

La forme de la restitution en entier est aussi
la même, qu'elle soit dirigée contre une convention ou contre un jugement. Tantôt le magistrat la prononce après avoir apprécié lui-
même les faits de la cause (*causâ cognitâ*), tantôt
il renvoie les parties devant le juge avec une
formule restitutoire ou rescisoire (2).

Quant aux motifs qui autorisent l'attaque

---

(1) Loi *ultime*, au Code, *de in integrum restitutione.*
(2) Loi 23, § 1, ff. *de minoribus;* — 1. 9, § 3, ff. *quod me-
tûs causâ.*

d'un jugement ou d'une convention par la restitution en entier, ils sont analogues. C'est le
dol, la fraude, l'incapacité des parties, qui vicient les éléments du contrat et ceux du quasi-
contrat judiciaire. Lorsque, sous les empereurs,
l'appel vient supplanter, en ce qui touche les
majeurs, la restitution en entier, qui ne s'applique, dès lors, spécialement qu'aux mineurs,
les majeurs n'en conservent pas moins le droit
de se faire restituer, toutes les fois que la sentence a été rendue sur des titres mensongers,
sur des témoignages trompeurs, ou sur un faux
serment déféré d'office par le juge (1). Ainsi,
tant dans la forme et dans les délais qui en
limitent l'exercice, que dans les causes qui l'autorisent, la restitution en entier est, en droit
romain, un moyen d'attaque commun aux jugements et aux contrats.

En passant dans notre ancien droit écrit, elle
garde le même caractère. Domat indique, parmi

---

(1) Gaius, Comment. IV, § 57.

les restitutions contre les conventions, celles que l'on obtient contre les arrêts :

« On peut, dit-il (1), faire rescinder ou an-
» nuler par la rescision ou la restitution en
» entier, non-seulement des conventions, mais
» même des arrêts où l'on aurait été partie, s'il
» y a quelque juste cause : comme si celui qui
» se plaint est un mineur qui n'ait pas été dé-
» fendu, ou même un majeur s'il y a quelque
» dol de sa partie, ou quelqu'autre moyen de
» de ceux que les lois reçoivent. »

Il s'appuie sur les lois 7, § 1, ff. *de in integrum restitutionibus*, et 7, § 4, ff. *de minoribus*, qu'il regarde comme le fondement des *requêtes civiles*, mot nouveau emprunté au droit français, et qui remplace pour les arrêts celui de restitution en entier. C'est ici que se trahit la distinction : des formes, des règles différentes vont être établies et pour la restitution en entier et pour la

___

(1) *Les Lois civiles*, liv. IV, tit. VI, sect. I, *Des rescisions et restitutions en général.*

requête civile; mais, au fond, leurs causes
seront toujours les mêmes, toutes les deux auront leur source dans un vice inhérent à la partie
contractuelle de la convention ou du jugement.

Toute rescision ou restitution, sur quelque
« cause qu'elle soit fondée, soit dol, violence,
» lésion ou autre quelconque, se prescrit par
» dix ans, à compter du jour de l'acte dont on
» se plaint, ou du jour que la violence, ou autre
» cause qui aura empêché d'agir, aura cessé :
» et à l'égard des mineurs, la restitution se
» prescrit par dix ans, à compter du jour de
» majorité, et, après trente-cinq ans accomplis,
» on n'y est plus reçu (1). »

Voilà pour les contrats.

Quant aux jugements, l'Ordonnance de 1667,
réglant les délais de la requête civile, s'exprime
ainsi : « Les requêtes civiles seront obtenues et
» signifiées et assignations données, soit au
» procureur ou à la partie, dans les six mois à

---

(1) Ordonnance de 1539, art. 134.

» compter, à l'égard des majeurs, du jour où
» la signification leur aura été faite des arrêts
» ou jugements en dernier ressort à personne
» ou à domicile ; et pour les mineurs, du jour
» de la signification qui leur aura été faite à
» personne ou à domicile depuis leur ma-
» jorité (1). »

Aux termes de l'article 483 du Code de procédure, la requête civile peut être utilement
formée pendant trois mois.

C'est ainsi que les délais de la restitution
en entier du droit romain ont été étendus à dix
ans pour les contrats, tandis qu'ils étaient successivement réduits jusqu'à trois mois pour
les jugements, bien qu'il semble que, dans les
uns comme dans les autres, les intérêts graves
qui peuvent être lésés méritent une égale protection.

L'explication de cette différence ne ressort
pas logiquement des distinctions établies entre

---

(1) Ordonnance de 1667, tit. XXXV, art. 5.

l'engagement qui résulte du quasi-contrat judiciaire et celui qui naît du contrat.

Il faut voir peu-être dans toutes ces dispositions une tendance, commune aux législateurs de 1667 et à ceux de 1806, à rendre étroites et difficiles les voies d'attaque contre les jugements. Comme s'ils se fussent souvenus de ces anciens abus qui faisaient dire à l'avocat général de Pibrac que, de son temps, « les re- » quêtes civiles étaient devenues aussi fré- » quentes que les appellations (1), » ils y ont cherché un remède dans l'application du précepte de Bacon qui, gémissant sur la déplorable instabilité des jugements, voulait que leur attaque fût environnée de dangers, que la voie ouverte contre eux fût raboteuse et pleine d'embarras : « *Non facilis esto aut proclivis ad judicia* » *rescindenda aditus. — Providendum est ut via sit* » *arcta, confragosa et tanquam strata murici-* » *bus (2).* »

Relever l'autorité de la chose jugée, en ne laissant aux protestations qu'un temps limité pour se produire, tel a été le but de la loi. Voilà pourquoi, tandis qu'elle ouvrait une large voie d'attaque contre les obligations contractuelles, elle réduisait le plus possible le droit de critiquer les jugements.

A ces considérations viennent se joindre d'autres motifs de légitimer cette différence. Si, en s'engageant à subir la sentence, les parties ont tacitement exclu les cas de dol, d'emploi de pièces fausses et de dissimulation de pièces décisives, elles ont constitué le juge appréciateur de moyens de preuve de chacune d'elles. Le magistrat est le protecteur légal, l'incorruptible gardien des intérêts de chaque plaideur, qu'il défend contre les artifices de son adversaire. Tandis que, dans le contrat, la bonne foi peut être victime de la ruse et de la fraude, les deux parties en instance trouvent une garantie efficace dans la surveillance éclairée de la justice. Que l'on veuille bien remarquer encore que la requête civile est une voie extraordinaire contre

le jugement, qui n'est ouverte le plus souvent
qu'après les voies ordinaires de l'appel et de
l'opposition; que les actions en rescision ou en
nullité sont, au contraire, les seuls moyens
d'attaquer directement les contrats; et l'on sera
moins porté à s'étonner de la distance qui sépare les délais de l'art. 1304 du Code civil de
ceux prescrits par l'art. 483 du Code de procédure.

Sous le rapport des formes, l'action en rescision et la requête civile présentaient, dans l'ancien droit, une grande analogie; toutes deux
exigeaient l'obtention préalable des *lettres
royaux*. Cette partie de la législation était em-
pruntée aux lois romaines; et les praticiens
tenaient que ces lois n'étaient applicables en
France que lorsque le juge avait reçu du prince
une autorisation spéciale. De là, l'idée de trans-
porter au souverain les attributions du préteur;
et si l'on admet que des considérations fiscales
ne furent point étrangères à cette institution,
c'en est assez pour expliquer l'usage des lettres
royaux et des *lettres en forme de requête civile*:

In Galliá, dit Denys Godefroy, *Rex solus restituit.*

Les lettres qui tendent à la rescision d'un contrat sont demandées en chancellerie, expédiées et adressées aux juges avec celle clause : « S'il vous appert de ce qui est exposé ci-dessus » ou de tant que suffire doive. » Celui qui les a obtenues doit les faire signifier à celui contre lequel il veut s'en prévaloir, et justifier « que ce » qu'il a exposé est véritable ; puis le juge in- » struit de la justice des lettres, exécute ce qui » lui est mandé par elles, et cela s'appelle *en-* » *tériner* les lettres. Cet *entérinement* a pour effet » général de remettre les parties au même état » où elles étaient avant le contrat. »

« Par les lettres en forme de requête civile, » on expose que l'arrêt a été obtenu par sur- » prise, dol ou fraude de la partie adverse, ou » sur pièces fausses ; puis il est mandé aux » juges qui ont rendu l'arrêt que, s'il paraît » leur être justifié que ce qui a été exposé soit » véritable, ils remettent les parties en pareil » état qu'elles étaient avant l'arrêt. »

L'analogie la plus frappante existe, on le voit,

entre les lettres de rescision et les lettres en
forme de requête civile; différents quant aux
délais, ces deux moyens d'attaque sont, sous
l'ancienne jurisprudence, complétement assimilés quant à la forme. Le Code de procédure
a maintenu la différence des délais; qu'a-t-il
fait des formes? Nous ne connaissons plus aujourd'hui les lettres royaux; l'action en nullité
ou en rescision d'un contrat, établie et réglée
par l'article 1304 du Code Napoléon, n'exige
aucun préliminaire de ce genre; elle s'introduit, comme toute autre action, suivant le mode
général.

Il n'en est pas de même de la requête civile,
qui, aux termes de l'article 483 du Code de procédure, doit être *signifiée avec assignation*. Ce
texte semble indiquer deux actes : une requête
civile et une assignation. La formalité d'une
requête adressée aux membres de la Cour ou du
tribunal est peut-être un dernier vestige des
anciennes lettres en forme de requête civile;
encore qu'elle soit contraire à la loi du 18 février 1791, qui veut que la requête civile soit

formée de la même manière que l'appel, cependant, comme cette requête est autorisée par l'article 78 du tarif, qui accorde à l'avoué un droit pour sa présentation au président, on doit la considérer comme faisant partie de cette procédure.

L'action en nullité ou en rescision diffère donc aujourd'hui, quant à sa durée et quant à sa forme, de la requête civile; mais il en est autrement quant au fond. Si le dol, la fraude, la dissimulation ouvrent la voie à l'action en rescision ou en nullité, ces mêmes circonstances vicient les éléments du quasi-contrat judiciaire, légitiment le recours à la requête civile, et servent de base commune à ces deux moyens d'attaque contre les conventions et contre les jugements.

De même que le dol et la fraude, dirigés par l'une des parties contre l'autre, motivent la requête civile, ainsi le dommage causé à un tiers par une décision de justice permet à ce tiers de la combattre par la tierce opposition, qui, parmi les voies de recours contre les conventions, a pour analogue l'action Paulienne de l'article 1167 du Code Napoléon. Nées d'une même origine, ces deux actions se distinguent l'une de l'autre tant par les délais et les formes extérieures que par le fond même du droit. Leur différence principale se manifeste dans les conditions de leur recevabilité.

D'après l'article 1167 du Code Napoléon, les actes du débiteur ne sont soumis à la critique du créancier que lorsqu'ils lui sont préjudiciables et qu'ils ont été faits en fraude de ses droits. Ici se présente la distinction entre le *consilium fraudis* et l'*eventus damni*, qui sont tous les deux exigés impérieusement par cet article pour autoriser l'action Paulienne.

L'article 474 du Code de procédure, au contraire, permet à un tiers de former tierce opposition à un jugement, par cela seul qu'il porte atteinte à ses droits, et que l'instance à la suite de laquelle il a été rendu lui est restée étrangère, à lui et à ceux qu'il représente.

Dans le premier cas, il faut préjudice et fraude; dans le second, le préjudice suffit.

On explique cette différence en remarquant que, s'il y a quelque analogie entre l'action Paulienne et la tierce opposition, c'est en ce sens que toutes les deux permettent à un tiers d'ébranler les rapports de droit établis entre deux parties; mais les situations respectives sont loin d'être identiques.

Rigoureusement, les créanciers devraient respecter les actes consentis par leur débiteur, puisqu'en devenant créanciers sans garantie, ils sont censés les avoir tous d'avance ratifiés. Aussi faut-il un cas exceptionnel, un cas de fraude, pour qu'ils puissent les attaquer. La fraude fait exception à tous les principes, et les créanciers ne sont pas considérés comme l'ayant autorisée. Mais ces actes sont valables en eux-mêmes; c'est vis-à-vis les créanciers seuls qu'ils sont annulables.

Les jugements que menace la tierce opposition présentent un tout autre caractère.

Ils sont contraires à la justice : non pas qu'il y ait faute du juge, mais parce qu'il est souvent impossible à ce dernier, d'après la qualité des parties entre lesquelles s'est engagée l'instance, de prononcer une sentence conforme au droit et à la vérité.

Deux plaideurs se disputent la propriété d'un immeuble appartenant à un tiers qui est hors de cause. Evidemment, quoi que fasse le juge, il ne pourra pas d'office attribuer à ce tiers, qui ne réclame pas, la propriété de l'objet en litige. Le jugement qu'il rendra tombera sous le coup de la tierce opposition, encore qu'il n'y ait dans la cause aucune fraude de la part des parties, parce qu'il est un autre vice radical dont il est entaché.

Dans certains cas cependant, la fraude est nécessaire pour ouvrir la voie de la tierce opposition, et c'est ici qu'il faut signaler un point de contact remarquable entre les art. 1167 du Code Napoléon et 474 du Code de procédure civile.

Le mot *actes* de l'article 1167 du Code Napoléon est général ; il comprend non-seulement les contrats, mais aussi tous les faits frauduleux émanés du débiteur. Si, en fraude de ses

créanciers et de concert avec son propre débiteur, il consent la radiation d'une hypothèque,
s'il lui défère le serment sur des faits qu'il pourrait facilement prouver, s'il transige de mauvaise foi, si, par collusion, il se laisse débouter
d'une demande légitime, ou s'il se laisse condamner, sans se défendre, envers un prétendu
créancier, et si enfin de tous ces actes il résulte
une diminution volontaire de ses biens au préjudice de ses créanciers véritables, l'œuvre de
la fraude sera détruite, ces derniers rentre-
ront dans les droits de leur débiteur : *Quod-
cumque fraudis causâ factum est videtur his verbis
revocari, qualecumque fuerit; nam latè ista verba
patent* (1).

Est-ce à dire que les contrats et les jugements
suivent ici la même loi, et que la même action
soit recevable aussi bien contre un jugement
rendu, que contre une convention consentie en
fraude des créanciers de l'une des parties?
Non, assurément. On brisera les liens du

_____

(1) L. 1, § 2, ff. Quæ in fraudem creditorum.

contrat par l'action Paulienne ; c'est la tierce
opposition qui sera dirigée contre le jugement,
et c'est la fraude qui est ici le fondement de sa
recevabilité. Si le créancier est le plus souvent
représenté par son débiteur dans les instances
où figure ce dernier, il ne l'est jamais et il devient un tiers, lorsqu'il attaque une sentence
rendue contre un débiteur qui s'est laissé condamner en fraude de ses droits. La fraude
repousse ici toute idée de représentation, et
devant elle se dresse, pour la combattre, la
personnalité, parfaitement distincte alors, du
créancier, qui ne saurait se confondre avec celle
d'un débiteur qui a trahi son mandat. Les principes de l'article 1167 du Code Napoléon et ceux
de l'article 474 du Code de procédure se com-
binent pour servir de base à l'action du créancier, qui puise dans la fraude de son débiteur
la qualité de tiers, sans laquelle la voie de la
tierce opposition lui serait fermée.

Mais n'est-il pas certains créanciers dont la
personnalité est naturellement dégagée de celle
de leur débiteur, et qui, sans invoquer la fraude,

peuvent se prévaloir de la tierce opposition?

Cette question rentre dans l'esprit de cette recherche, puisqu'elle se rattache à l'étude des effets produits par le quasi-contrat judiciaire et par le jugement qui en est la fin, vis-à-vis des tiers qui, représentés ou non dans l'instance, n'y ont pas eux-mêmes figuré.

A l'égard des créanciers chirographaires, aucun doute ne s'est élevé jusqu'ici. Il est incontestable qu'ils sont représentés dans l'instance où leur débiteur est partie, lors même que cette instance est postérieure aux titres de leurs créances. Ce n'est que dans le cas de fraude qu'ils pourront attaquer le jugement; et lorsqu'ils se présenteront devant le juge, ils n'invoqueront pas la maxime *res inter alios acta...*, mais ce principe d'éternelle justice qui prohibe la fraude et qui vient au secours des victimes qu'elle a faites.

En sera-t-il de même du créancier hypothécaire?

Quelque opinion que l'on adopte sur cette question, on pourra la défendre avec les plus graves autorités. D'un côté, MM. Carré, Favard, Thomine des Mazures, Berryat-St-Prix, et surtout MM. Merlin (1), Proudhon (2) et, avec eux, une jurisprudence constante, décident que, dans le quasi-contrat judiciaire, comme dans tout contrat, le débiteur agit pour lui et pour ses ayants cause, et que le créancier hypothécaire est représenté par son débiteur dans l'instance introduite, même après l'inscription de l'hypothèque, sur la propriété du bien hypothéqué.

MM. Duranton (3), Bonnier (4), Valette (5) et Zachariæ (6) enseignent, au contraire, que le créancier hypothécaire est étranger au débat élevé sur la propriété de l'immeuble hypothéqué, postérieurement à l'inscription de l'hypothèque, et que le jugement est, pour ce créan-

(1) *Répertoire de jurisprudence*, v° Opposition tierce, § 1.
(2) *Traité de l'usufruit*, tome III, n°° 1300-1307.
(3) Tome XIII, n° 507.
(4) N° 695.
(5) *Revue du droit français*, année 1844, page 27.
(6) V, page 770.

cier, *res inter alios judicata ;* de sorte que ce dernier peut, soit provoquer un nouvel examen de la cause, soit, s'il y a péril en la demeure, recourir à la tierce opposition.

La question est, on le voit, l'objet d'une sérieuse controverse ; aussi, est-ce avec une grande réserve, et à l'ombre d'un respect également profond pour les deux opinions, que se produisent ici quelques observations tendant à faire décider que, dans les circonstances indiquées ci-dessus, les créanciers hypothécaires ne sauraient être considérés comme représentés par leur débiteur.

Ce n'est peut-être pas établir des distinctions inconnues au législateur, ni s'inspirer à des sources autres que celles où il a lui-même puisé, que de séparer ici les créanciers chirographaires des créanciers hypothécaires.

Les premiers ont suivi la foi de leur débiteur ; ils ont eu confiance dans la sagesse de son administration. Le gage général, qui affecte en leur nom tous les biens de celui-ci, n'a point d'assiette fixe ; il varie au gré de sa fortune, il en suit toutes les phases, il en subit toutes les vicissitudes. Ces créanciers sont donc représentés dans l'instance soutenue par leur débiteur, pour la poursuite de tous ses droits, pour la défense de tous ses intérêts.

La condition du créancier hypothécaire est-elle la même? peut-on dire qu'il a abandonné le sort de sa créance à la discrétion de son débiteur? Non; cette garantie ne lui a pas paru suffisante. Il a fortifié son droit personnel par un droit réel. Non content de se lier la personne, il a voulu se mettre en rapport direct avec la chose par un *jus in rem*. Il a gêné, dans la main de son débiteur, le domaine de l'immeuble sur lequel repose le gage de sa créance. Ce droit réel, qu'il a acquis, est indépendant de tous les changements ou aliénations que peut subir le bien hypothéqué. Il n'appartient pas au débiteur de l'enlever à son créancier par un contrat; il ne lui appartient pas non plus d'atteindre ce but au moyen d'un quasi-contrat, voire même par le quasi-contrat judiciaire : il ne saurait faire peser sur son créancier la responsabilité

des négligences qu'il peut commettre dans la
défense de son droit de propriété. De même que
celui au profit duquel une servitude réelle
d'usufruit, d'usage ou d'habitation a été consti-
tuée, n'est pas lié par le jugement qui évince
le propriétaire du fonds servant, ainsi en est-il
du créancier hypothécaire : il devra être appelé
dans l'instance ; s'il ne l'est pas, la voie de la
tierce opposition devra s'ouvrir devant lui contre
une sentence qui blesse ses intérêts, et lui permettre de poursuivre et d'obtenir une satisfac-
tion légitime.

Les moyens d'attaque qui, à part certaines
différences de formes et de délais, semblent
communs aux contrats et aux jugements, ont
été exposés jusqu'ici ; les autres paraissent spé-
ciaux aux jugements, parce qu'ils sont fondés
sur des vices inhérents à la partie judiciaire de
l'œuvre du juge. Le quasi-contrat judiciaire peut
être qualifié de conditionnel, en ce sens qu'il
n'oblige les parties à subir la sentence que dans
les formes et aux conditions qui sont exigées

par la loi, et qui, variant suivant les circonstances, font varier avec elles les moyens de
recours accordés aux plaideurs.

L'une des parties n'a pas constitué avoué dans
les délais de l'assignation, ou l'avoué constitué n'a pas conclu à l'audience; un jugement
par défaut a été rendu : « Mais le juge s'est
» trompé, dira la partie défaillante, il n'a pas
» été éclifié, il n'avait pas les éléments néces-
» saires pour prononcer en parfaite connais-
» sance de cause. » La loi ne demeure pas insensible à cette plainte; elle y fait droit en
accordant un moyen spécial de recours, l'opposition. Le juge reviendra sur sa décision
première; mieux éclairé par le débat contradictoire, il statuera plus pertinemment sur la
question qui lui est soumise, et sa sentence ne
sera plus désormais susceptible d'opposition.

En vain chercherait-on, parmi les voies d'attaque ouvertes contre les conventions, l'analogue de celle-ci; la nature même de la convention répugne à un moyen de ce genre; car,
tandis que le quasi-contrat judiciaire se forme

par le fait du seul demandeur, le contrat exige
le concours des deux parties à l'acte, le *con-
sensus in idem placitum*. Si ce concours n'a pas
lieu, il n'y a pas de contrat. Au contraire, lors
même que le défendeur n'a pas constitué avoué,
qu'il n'a pas reçu l'assignation, il y a eu quasi-
contrat judiciaire, un jugement a été rendu ; il
a établi contre les droits du défendeur une présomption que l'opposition doit renverser. D'ailleurs, ce moyen d'attaque n'est pas fondé sur
un vice de la partie contractuelle de la sentence ;
le défaillant n'incrimine pas la conduite de son
adversaire ; il combat l'autorité d'une décision
qui, par les circonstances qui y ont présidé, a
été comme fatalement condamnée à l'erreur.

Le défendeur a constitué avoué, il a pris des
conclusions à l'audience ; l'affaire est en état,
les plaidoiries ont été entendues : le juge prononce en toute connaissance de cause, puisque
la discussion a devant lui fait jaillir la lumière.
Sa sentence liera-t-elle les parties aussi étroite-
ment que le ferait un contrat dans les mêmes

circonstances? C'est ici que se manifeste la na‑
ture judiciaire du jugement.

Il n'est pas, comme le contrat, l'œuvre des
seules parties. Encore qu'aucun vice ne vînt de
leur fait, elles n'ont consenti à se soumettre
qu'à une règle de justice. Différent, en ce point,
des contrats et des quasi-contrats, qui produisent
leurs effets légaux d'une manière absolue,
toutes les fois que leur nature, exclusivement
contractuelle, est sans tache, le quasi-contrat
judiciaire est subordonné à la faculté pour les
parties de se pourvoir contre le jugement, non-
seulement lorsque le vice portera sur sa nature
contractuelle, mais encore lorsqu'il affectera sa
nature judiciaire. La sentence contradictoire est
soumise à l'appel.

La généralité de cette distinction entre les
moyens d'attaque, fondée sur la diversité des
effets du jugement et du contrat, serait à l'abri
de la controverse, si tous les jugements, ou du
moins tous les actes qui portent ce nom, avaient
réellement une nature judiciaire; mais la pra-

tique connaît certains actes qui, bien qu'émanés du juge, n'ont du jugement que la forme et ne sont au fond que de véritables contrats revêtus du sceau de la justice.

Les avoués, du consentement de leurs clients, rédigent de concert un projet de jugement, le présentent au juge qui l'adopte et le prononce à l'audience. Voilà *le jugement d'expédient*, véritable *contrat judiciaire* plutôt que jugement, puisque le juge ne fait que proclamer une convention arrêtée d'avance entre les parties, et que son rôle se rapproche ici de celui du notaire dans l'acte authentique. Il n'est plus législateur dans la cause, il n'est que certificateur; il ne crée pas, il constate.

Ce caractère du jugement d'expédient permet-il de le déclarer susceptible d'appel? Il semble que non; car l'appel est fondé sur un vice affectant la nature judiciaire du jugement, et l'expédient n'a pas de nature judiciaire. Les parties ne sont pas recevables à reprocher au juge d'avoir *mal jugé*, puisque la décision qu'il a prononcée n'est que l'expression de leurs communs désirs. Ces principes ont été proclamés par la Cour de cassation le 14 juillet 1813, par la Cour de Paris le 15 mars 1811 et le 16 juin 1813 (1). Tout en reconnaissant à l'expédient la force et l'autorité du jugement proprement dit, ces cours décident qu'il en diffère en ce qu'il n'est pas susceptible d'appel.

Doit-on admettre cette règle dans toute sa rigueur, et dire que l'expédient ne pourra jamais être frappé d'appel? Sans aller jusque-là, on peut adopter un système qui fait droit à la nature mixte de cette sorte de jugement et présente un caractère analogue. Contrat quant au fond, l'expédient ne pourra être attaqué que pour les mêmes causes et dans les mêmes cas que les contrats; jugement quant à la forme, il le sera par les mêmes voies que les jugements proprement dits (2). La Cour de Lyon semble avoir en-

(1) *Journal du palais*, tome XIV, page 555; — tome IX, page 180; — tome XI, page 461.

(2) *Nouveau Denizart*, v° Expédient, n° 13; — v° Contrat, § 2, n° 12; — v° Avocat, § 5, n° 9.

couragé cette théorie, lorsque, le 8 août 1833, elle recevait une caution solidaire à former *tierce opposition* à un arrêt d'expédient intervenu entre le débiteur principal et l'adversaire commun, en établissant que la *fraude* viciait la transaction sur laquelle il était fondé (1).

Cette opinion est combattue par des auteurs qui soutiennent que l'arrêt d'expédient qui consacre une convention nulle, peut être attaqué par une simple demande en nullité, et qu'il suffit de faire annuler la convention pour détruire toute l'autorité de la sentence. Ce n'est peut-être pas tenir assez de compte de la forme de l'expédient. Si, en couvrant leur convention du manteau de la justice, les parties n'en ont pas changé la nature, elles en ont du moins altéré la forme. L'expédient se présente sous les dehors d'un jugement; ce sont donc les voies de recours usitées contre les jugements qu'il faut suivre pour l'attaquer. C'est à tort que, dans l'opinion contraire, on invoque

_____

(1) Dalloz, tome XXXIV, page 197.

l'autorité de d'Argentré, qui décide (1) que, lorsqu'un arrêt *rappelle et homologue expressément* une convention, il suffit de faire annuler celle-ci pour renverser l'arrêt. Ce n'est là qu'un cas particulier, et, le plus souvent, rien dans l'expédient ne dévoile la préexistence d'un contrat, rien dans sa forme ne trahit l'absence de la nature judiciaire.

Mais il est temps de revenir aux jugements proprement dits et aux moyens d'attaque qui semblent leur être exclusivement réservés.

Le plus ordinaire et le plus naturel, c'est l'appel. Toutes les fois que le taux de la demande est supérieur à 1,500 fr. de capital, ou à 60 fr. de revenu, cette voie de recours est ouverte au plaideur mécontent. Le demandeur en

_____

(1) Sur l'ancienne coutume de Bretagne, article 265, chatre XIII, n° 28 :

Cùm lites transactionibus finiuntur, etsi homologari solent in curiis, tamen non proptered regrediuntur in contentiosas : ideóque, cùm rescinduntur ex causis juris, nihil profuerit homologationem allegare, quæ nihil addit ad vim transactionis ET EADEM OPERA RESCINDITUR, non majore negotio.

signifiant l'ajournement, le défendeur en acceptant le défi de son adversaire, tous deux en se soumettant à la décision du juge, sont censés s'être réservé le droit de protester contre elle et de porter le litige au pied d'un tribunal plus nombreux et plus éclairé (1), qui jugera en dernier ressort. Cette faculté d'*appeler* est la consécration de la faillibilité des appréciations humaines; elle est inhérente à la nature même du jugement; aussi est-elle fort ancienne.

Née du *veto* des tribuns, elle se répandit bientôt à Rome et dans les provinces. La majesté impériale elle-même ne dédaigna pas de connaître en dernier ressort des appels de toute juridiction (2), et, en France, le grand roi qui jugeait lui-même les différends de ses sujets, n'avait eu qu'à obéir aux généreuses inspirations de celui de ses prédécesseurs qui avait dit:

---

(1) *Licet bene latas sententias nonnunquàm in pejus reformet.* (Loi 1, ff. de appell.)

(2) Loi 1, § 1, ff. *à quibus appellari non licet.*

Ut si quis velit dicere quòd ei justè non judicetur, tùm in præsentiam nostram veniat (1).

Cette sollicitude de nos rois pour établir la présomption de la *chose jugée* ne trouve plus d'objet dans les contrats, qui sont l'œuvre exclusive des parties. Dans l'appel, c'est le juge que l'on poursuit, c'est lui qu'au treizième siècle, on interpelle pour qu'il ait à soutenir sa sentence, lorsqu'on prétend qu'il a parlé « *comme faux, déloyal et menteur.* » Un pareil moyen, fondé sur ce qu'une loi injuste a été imposée aux parties, ne saurait être employé contre un acte dans lequel les parties se sont à elles-mêmes dicté des lois. L'appel constitue donc une voie d'attaque particulière au jugement. Si l'on se reporte à la distinction établie déjà entre les deux natures du jugement, il faudra bien reconnaître cependant que l'appel n'est dirigé contre aucune d'elles exclusivement, mais contre l'une ou l'autre, suivant les cas,

---

(1) Capitularior. caput 243 libri V.

et quelquefois contre toutes les deux. C'est un mode général de protester contre les sentences, c'est une large voie ouverte au plaideur, qui peut s'y engager, soit qu'il attaque l'élément judiciaire de la sentence, soit que sa critique s'adresse à sa partie contractuelle.

La requête civile est, comme l'appel, un mode de recours spécial au jugement, toutes les fois qu'elle a pour base une erreur ou une négligence du juge. Tandis qu'elle se rapproche de la demande en rescision, lorsqu'elle repose sur le fait des parties, elle s'en éloigne et devient particulière au jugement, lorsqu'elle a sa source dans un vice de sa nature judiciaire.

Que dire de la cassation? Moyen extraordinaire d'attaquer le jugement ou l'arrêt, elle est fondée sur la violation de la loi par ses ministres. C'est dire assez que ce n'est pas la partie contractuelle du jugement, mais seulement sa partie judiciaire que l'on combat, lorsqu'on se pourvoit devant la Cour suprême. La voie de l'appel est fermée, et cependant le juge a méconnu les principes du droit; il a jugé incompétemment, il a excédé ses pouvoirs; certaines formalités, requises à peine de nullité, ont été omises. Sa sentence sera cassée parce que, bien que sa partie contractuelle soit intacte, le fait du juge a vicié son élément judiciaire.

Comme le pourvoi en cassation, la prise à partie est aussi dirigée contre le fait du juge; mais elle a un caractère plus agressif encore et plus personnel au magistrat qui en est l'objet. Les autres moyens de recours n'accusent que son ignorance ou son impéritie; la prise à partie touche à son honneur, à sa conscience, et il semble qu'à ce point de vue on doive la regarder comme, plus que toute autre, spéciale au jugement. Y aurait-il de la témérité cependant à chercher, parmi les moyens d'attaquer les actes qui constatent les contrats, l'analogue de la prise à partie?

Si les plaideurs ne sont pas seuls dans l'instance, si le fait du juge, en viciant la partie judiciaire de leurs rapports, leur vient ouvrir plusieurs voies d'attaque contre le jugement, le même langage ne s'applique-t-il pas aux parties qui font rédiger devant le notaire l'acte destiné à contenir l'expression de leur commune volonté? Le notaire ne peut-il pas être rapproché du juge, et son propre fait ne donne-t-il pas naissance à un moyen d'attaque particulier contre la convention qu'il constate?

Aussi bien cette tentative d'assimilation du notaire au juge n'est-elle pas nouvelle. Un homme (1), dont la compétence ne saurait être douteuse en cette matière, disait au Conseil des Cinq-Cents : « Dépositaires des plus grands » intérêts, régulateurs des volontés des con-» tractants, quand ils semblent n'en être que » les rédacteurs....., les notaires exercent une » espèce de *judicature* d'autant plus douce » qu'elle ne paraîtpres que jamais, ou ne paraît » qu'en flattant les intérêts des deux parties. » M. Réal, dans l'exposé des motifs de la loi du 25 ventôse de l'an XI, après avoir défini le rôle du notaire, le compare à celui du magistrat, en disant que « *le notaire est un juge volontaire.* »

---

(1) M. Favart de Langlade.

C'est qu'en effet, comme le juge, il a des devoirs impérieux à remplir. Revêtu d'un caractère sacré, honoré de la confiance du législateur, il donne à ses écrits la force d'un jugement en dernier ressort. S'il ne dicte pas des lois aux parties, il leur inspire souvent leurs conventions, et, dans l'exercice de ses fonctions, il est, comme le juge, esclave de la loi, de la délicatesse et de l'honneur.

Le notaire appelé à rédiger un contrat, le juge saisi d'une contestation se rapprochent par plus d'un point.

Le juge refuse-t-il de se prononcer, il se rend coupable de déni de justice; la prise à partie est ouverte contre lui (1). Est-ce le notaire qui, sans motif fondé, refuse son ministère, il manque à ses obligations; une interdiction ou une suspension le menace (2).

Des formes requises à peine de nullité ont-elles été omises dans le jugement, les parties

(1) Art. 505 du Code de procédure civile.
(2) Loi du 25 ventôse de l'an XI, article 3.

se pourvoient en requête civile (1). L'article 68 de la loi du 25 ventôse de l'an XI déclare les notaires responsables des nullités des actes provenant de leur fait (2).

Enfin, le juge a-t-il poussé l'oubli de ses devoirs jusqu'à trahir les intérêts sacrés de la justice, c'est encore la prise à partie qui s'élève contre lui, mais revêtue alors d'un caractère infamant qui lui est étranger lorsque son impéritie et sa négligence sont seules incriminées.

---

(1) Art. 480 2° du Code de procédure.

(2) La jurisprudence des parlements était plus indulgente à l'égard des notaires. Brodeau rapporte un arrêt du parlement de Paris, du 7 juillet 1575, par lequel un plaideur fut débouté de sa demande en garantie contre la veuve d'un notaire qui avait reçu un contrat sans faire signer les parties ni les témoins. Un autre arrêt du même parlement, en date du 5 septembre 1758, consacre le même principe. — Plus tard, en 1779, le parlement de Paris, sur les conclusions de M. d'Aguesseau, avocat général, revient contre ses premiers errements, et confirme une sentence du châtelet d'Orléans, qui, en déclarant une vente nulle, condamne à deux cents livres de dommages et intérêts le notaire auteur de la nullité.

Dans les circonstances analogues, l'œuvre du
notaire sera attaquée par la voie de l'inscription de faux.

La loi a donc permis aux particuliers de dé-
noncer et de faire réprimer les écarts de ses
ministres; mais elle n'a pas voulu laisser ces
derniers exposés aux accusations du premier
mécontent qu'aveuglerait la haine ou l'intérêt.
La dignité de la justice, le crédit et la confiance
dont sont entourés ses représentants, ne le permettent pas. Le juge et le notaire doivent trouver ici une égale protection.

C'est ce qu'avait compris le parlement de
Paris, à l'égard des magistrats, lorsque, le
4 juin 1699, sur le rapport de M. d'Aguesseau,
avocat général, intervenait un arrêt de règlement défendant qu'aucun juge du ressort du
parlement pût être poursuivi sans son autorisation : « Les parties, dit celui qui devint
» plus tard un illustre chancelier, doivent gar-
» der un silence respectueux sur la conduite
» des ministres de la justice, jusqu'à ce que

» la justice elle-même ouvre la bouche à leur
» plainte (1). »

Cette voix a trouvé un écho dans notre Code
de procédure. Aujourd'hui, comme autrefois,
des causes de prise à partie alléguées ne suffisent pas pour que le juge descende de son
siége et soit réduit à se défendre. Les accusations de ce genre doivent d'abord être soumises
au tribunal devant lequel sera intentée la demande (2).

C'est un sentiment analogue, sentiment de
respect pour le caractère du notaire, qui a in-
spiré au législateur la pensée de ne pas permettre que l'acte authentique fût attaqué comme
une simple écriture. Il faudra affronter les dangers de l'inscription de faux pour combattre
les affirmations du notaire. N'est-ce pas là
l'idée de Bacon, et son vœu n'est-il pas exaucé
et au delà, tant en ce qui concerne les juge-

---

(1) L'arrêt du conseil du 18 août 1702 exigeait la permission du roi.

(2) Art. 510 du Code de procédure.

ments qu'en ce qui a trait aux contrats authen-
tiques? N'est-ce pas là cette *via arcta et tanquàm
strata muricibus?*

On peut donc dire que le contrat, considéré,
non pas en lui-même, comme l'œuvre exclusive
de ceux qui s'engagent, mais dans sa forme,
dans sa constatation extérieure, a, comme le jugement, une partie qui dépend du fait d'un
tiers. De même que la sentence du juge peut
être utilement critiquée, lorsque le fait de celui-ci a faussé les éléments du quasi-contrat
judiciaire, ainsi les parties contractantes peuvent s'élever contre l'acte du notaire qui leur a
imposé d'autres lois que celles qu'elles s'étaient
à elles-mêmes dictées. Encore qu'essentiellement différentes dans les formes, la prise à
partie et l'inscription de faux ont donc un point
commun. Si l'une a sa source dans un vice inhérent à la nature judiciaire du jugement, l'autre
repose sur une imperfection de ce que l'on
pourrait appeler la *nature judiciaire* du contrat.

Voilà que cette recherche a été conduite jusqu'aux limites qui lui ont été tracées, et c'est maintenant qu'après avoir étudié le quasi-contrat judiciaire dans ses caractères et dans ses effets principaux, il est permis de jeter un regard en arrière pour résumer l'ensemble et les résultats généraux de cette rapide esquisse.

Illimité dans sa durée, indéterminé dans ses conséquences souvent fécondes en surprises et en aspects inattendus, le quasi-contrat judiciaire se produit comme l'une des sources les plus abondantes d'obligations; à ce titre, il veut être placé au rang des contrats les plus importants. Lorsque l'on songe à la longueur du procès, aux frais qu'il entraîne, aux difficultés qu'il suscite, à l'incertitude qui plane sur toute l'instance jusqu'à la prononciation d'un jugement définitif, et surtout au médiocre avantage qui n'est que trop souvent l'unique fruit d'un triomphe bien chèrement acheté, n'est-on pas tenté de croire qu'il n'est pas de contrat plus onéreux pour les deux parties?

Ces considérations ne sont pas de pure abstraction; la surface des textes en recèle les

conséquences pratiques ; d'où il résulte que le
caractère de gravité, qui vient d'être signalé
dans le quasi-contrat judiciaire, n'a pas échappé
à l'attention du législateur.

Toutes les fois qu'il enlève à certains inca-
pables la faculté de contracter, il leur ferme en
même temps les portes du palais. Le mineur,
l'interdit, qui ne peuvent s'engager seuls par
un contrat, ne peuvent pas non plus se présenter
devant la justice, ni pour y demander, ni pour y
défendre. Lorsque sont énumérés les droits dont
le prodigue peut être privé au moment où il
reçoit un conseil judiciaire, le droit de plaider
est inscrit au premier rang. (Art. 513, C. N.)

Il y a plus encore : le quasi-contrat judiciaire est regardé par la loi comme donnant
naissance à des obligations plus sérieuses et
plus étendues que les autres contrats. Certaines
personnes, qui peuvent contracter seules, ne
peuvent plaider qu'avec l'autorisation d'autrui.

C'est ainsi que l'article 215 du Code Napoléon défend à la femme mariée, marchande
publique, d'être partie dans un procès sans

l'assentiment de son mari, tandis que l'art. 220 du même Code la dispense d'autorisation, lorsqu'elle s'engage pour ce qui concerne son négoce.

Le tuteur, auquel est confiée, dans une large mesure, l'administration des biens du mineur, ne peut introduire en justice aucune action relative aux droits immobiliers de celui-ci, sans l'avis du conseil de famille. (Art. 464 du C. N.)

N'est-ce pas encore la gravité des engagements auxquels le quasi-contrat judiciaire donne naissance, qui a porté le législateur à ne pas permettre aux parties, même capables, de se lancer trop légèrement dans une voie aussi périlleuse que celle du procès, et à placer à l'entrée du palais un magistrat qui s'efforce de détourner les plaideurs de la lutte vers laquelle ils courent, en leur faisant entendre les accents salutaires de la conciliation?

A côté de ce caractère d'importance propre au quasi-contrat judiciaire considéré comme source d'obligations, l'histoire dévoile un fait qui embrasse dans ses conséquences toute la procédure.

C'est un mouvement général, une tendance presque constante vers la simplification et le perfectionnement des formes. Ce mouvement se fait d'abord sentir dans la procédure romaine.

Du système des actions de la loi à celui de Justinien, il y a un pas immense vers le progrès. La procédure formulaire séduit un instant, il est vrai, dans l'intervalle; sa régularité, sa précision scientifique peuvent arracher quelques regrets; mais on sent trop en elle l'influence d'un matérialisme étroit et borné; elle est trop rigoureuse dans ses formes, trop absolue dans ses prescriptions. Si la procédure de Justinien offre à l'esprit un ensemble moins correct, moins conséquent avec lui-même, on n'y découvre pas moins plus de largeur dans la conception, plus de générosité dans les formes et, dans les innovations dont elle est le résultat, comme la trace vivante d'une émancipation générale des idées. Ce que perd l'esprit scienti-

fique, l'esprit philosophique le gagne. Si l'on
voulait caractériser ce changement, on pourrait dire que la procédure, délivrée de ses
entraves matérielles, marche plus à l'aise, soutenue et éclairée par une philosophie plus spi-
ritualiste et plus vraie. La forme exerce encore
son influence, mais elle est plus simple, moins
absorbante; elle ne règne plus exclusivement,
elle n'étouffe plus les principes du droit des
gens et de l'équité naturelle.

En France, la procédure a eu aussi ses vicissitudes; c'est ici surtout que l'on peut dire
qu'elle est la mesure du degré de civilisation
d'un peuple, le miroir où se réfléchissent ses
mœurs, ses coutumes, ses tendances et ses
préjugés.

Comparée à la législation romaine, la procédure française présente d'abord ce tableau, si
triste pour un ami de la science et du progrès,
que Vico appelle *le retour de la barbarie (i tempi
barbari ritornati — la barbaria secunda)*. La régularité des formules a disparu, le monument de
Justinien est renversé, et la vive lumière que

ce grand prince fit briller un instant sur l'Italie, n'a pu percer les ténèbres du moyen âge. L'ignorance et les superstitions qu'elle amène avec elle dominent la procédure, dont la marche trouve, dans le système féodal lui-même, un obstacle invincible. Alors les armes, à défaut de lois, sont appelées à vider les procès. C'est la lance au poing que le juge défend l'autorité de sa sentence. Plus tard, au poteau de la maison forte le sergent attache, en tremblant, l'exploit qu'il ne peut, sans danger, remettre lui-même aux mains de celui qu'il ajourne.

Puis, l'empire de la force, toujours éphémère, tombe à son tour, pour faire place à quelques idées d'ordre et de civilisation. Mais longtemps encore les formes seront lourdes et embarrassées; la confusion règne au sein de la procédure jusqu'au moment où se fait entendre la voix du législateur de 1806, qui la ramène à l'unité et la pare d'une simplicité que n'avaient point connue les âges précédents.

Il restait encore à la réhabiliter, à détruire les aveugles préventions dont elle a été si longtemps l'objet. Les textes étaient précis, mais inanimés; les théories inertes, et obscures encore. Aux uns il fallait donner la vie; aux autres, le mouvement et la lumière.

Un homme a paru (1) qui a fait tout cela; il a consacré ses veilles à la procédure; il l'a fécondée de ses savantes recherches. A sa voix puissante, l'Histoire et la Philosophie sont venues lui prêter leurs clartés. Tout ce que le langage a de charmes, la littérature de grâces, le style d'entraînements et de séductions, il le lui a prodigué. La mort l'a surpris au milieu de ses travaux : mais l'œuvre était achevée déjà; une ère nouvelle s'ouvrait à la science qu'il avait enveloppée tout entière dans l'éclat de son génie.

_____

(1) M. Boncenne, doyen de la faculté de droit de Poitiers, auteur de la *Théorie de la procédure civile*.

FIN.

Poitiers. — Imp. de A. Dupré.

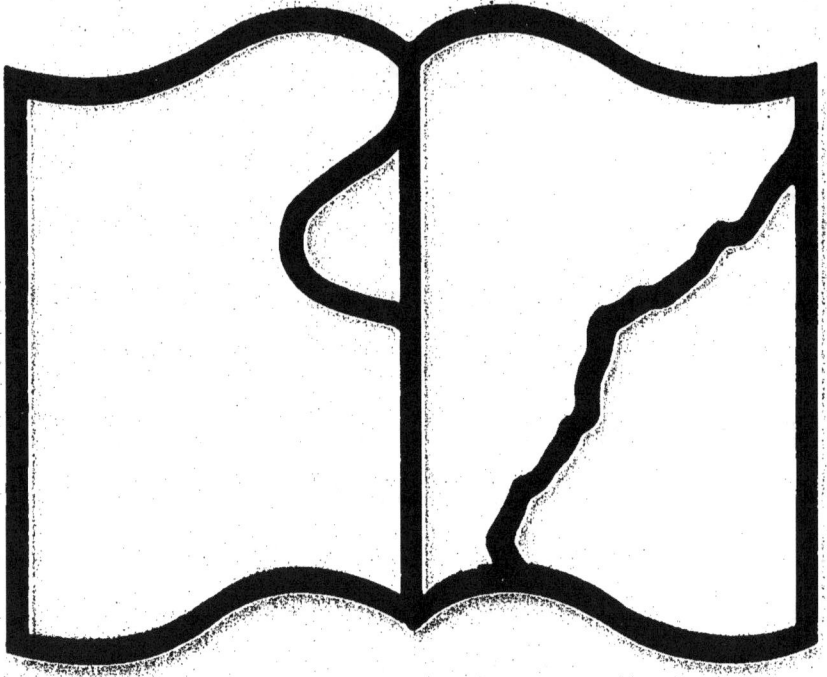

Texte détérioré — reliure défectueuse

NF Z 43-120-11

www.ingramcontent.com/pod-product-compliance
Lightning Source LLC
Chambersburg PA
CBHW050122210326
41519CB00015BA/4066